U0154151

我們的經濟出了什麼問題？

Empower our Economy

周偉華 著

Prologue

推薦序

擺脫凱因斯的糾纏

吳惠林 教授
中華經濟研究院

自全球金融大海嘯出現和隨之而來的經濟大衰退以來，各國政府無不使出渾身解數，祭出林林總總的救市政策，令人失望的是，還是脫不開印鈔、撒錢、擴大內需這些凱因斯「創造有效需求」政策。正如凱因斯的護身符：「長期，我們都死光了！」這種至多讓「當下」或能苟活的政策，往往遺下嚴重的後遺症，這也就是1930年代以來，時不時地就出現金融風暴的緣由。究其根本，人們誤解錢、扭曲貨幣本色，政府濫發貨幣，讓金融機構的功能混亂，加上世人的貪婪、欺詐、自私自利，於是金融泡沫、通貨膨脹、資產泡沫就與人類常相左右，除非能抓到根源，否則治絲益棼、天災人禍不斷來到，「人不治天治」的場景就會循環上演，而且愈演愈烈。

究其因，基本經濟觀念不清，甚至以錯誤觀念推出的害人政策必須刨根去除。我們很高興看到這本《我們的經濟出了什麼問題》提出了正確的觀念，特別對貨幣或錢的本質作了清楚的澄清，並對消費、儲蓄這些很基本但被誤導的理念，返還其本色。各界人士，特別是決策官員實在有必要讀一讀也！

一本讓「經濟活力」快速重現的好書

聶建中
淡江大學 財務金融系所教授
台灣競爭力論壇「行銷台灣組」召集人

這真是本不錯的好書，將經濟學理及金融運作，深入淺出又活潑動人地呈現給讀者，閱讀此書，有如妙藥回甘，越看越過癮。

教書那麼久了，發覺大部分學者多為「半照本宣科」式的傳統教學，滿貫的知識卻常因生硬的教學模式而降低了莘莘學子的學習興趣；這本《我們的經濟出了什麼問題》，順應當今全球金融大海嘯衝擊的最熱議題，將金融崩潰到經濟衰竭的前因、現狀及後果，用最活潑的立論模式，載入各項活生生的實務場景，無論是經濟學理的紮根或實務現況的瞭解，此書都提供了極棒的精彩內容闡述。

另外，此書分別自微觀及宏觀諸多角度，針對房地產、熱錢、黃金、貨幣、甚至全球化各項經濟問題的發現及剖析，有助於讀者對經濟循環所造成的經濟危機及金融崩潰產生的原因有更深且詳實的瞭解。想要走出大蕭條的陰霾，必須自蕭條根源瞭解起，再秉以專業施政，妥為對症下藥，則「經濟活力」必將快速重現。《我們的經濟出了什麼問題》一書實在值得推薦。

Prologue

自序

現實中的經濟活動常隨著時間上下起伏，社會大眾對於處於波動中的經濟現象似乎早已習以為常。各類經濟研究與學術專刊無一不認為，經濟波動的現象是一種符合常態的自然現象。然而，令人憂心的是，經濟問題不但未因學術的發展而變得容易解決，反而一次比一次嚴重，規模與範圍也一次比一次來得大。美國的次級房貸事件，影響的程度令人難以想像，風暴所及之處，無不受到嚴重打擊，無一倖免。

許多人用「金融大海嘯」來形容這一次美國次級房貸風暴，所引起的全球金融大災難。但是，對於金融大海嘯的本質，卻鮮少有人能夠深入而透徹地解析真實的發生原因。如果我們總是將這些問題，歸咎於是金融監管出了問題，那麼這些問題必然沒有可以獲得解決的一天，因為漏洞永遠會出現在令人感到意外的地方。我們也難以正確洞悉到經濟問題的本質，更遑論如何預測與因應金融市場的下一步動向。

經過數據的比對和分析，造成這一波有史以來最嚴重金融海嘯的關鍵因素，並非單純地因為金融監管上出了什麼差錯，也不是由於新興金融商品內的龐大陷阱所造成！究其根本，應該說是我們的經濟制度原本就存在著缺陷，這樣的缺陷不但沒有被制止，反而還隨著時間的經過而被刻意放縱。

我們在本書中可以發現，現代財富中有百分之八十的財富都是靠債務所累積出來。債務產生的原因，並非借錢來投資，而是銀行裡百分之八十的銀行存款，實際上都是由債務所轉化而來的。因此，在資本主義遊戲規則──「富者恆富」的遊戲條件下，全球有百分之八十的人終將陷入債務危機。雖然各國政府皆竭力避免債務的不斷累積與擴大，然而債務危機卻仍然無可避免，反而越陷越深。

現代金融經常藉由各種新型態的商品，來誘使投資者參與投資。這其中的運作模式，並未脫離財富移轉的本質，金融商品的財富移轉遊戲驗證了一句話，「**財富不會憑空增加，在固定的時間下，一方的財富增加，必是因另一方的財富減少所致。**」金融遊戲完全只是數字交換遊戲，過度投入這樣的遊戲，根本無助於生產活動的發展。人類的經濟活動是由生產與交換這兩個要素組合而成，財富因生產而增加，交換是讓生產的循環更加快速，貨幣則是讓生產可以獲得儲藏，使交換的進行可以更加順利。銀行體制出現後，更讓貨幣的功能發揮到極致，集中貨幣的功能，使大型建設得以獲得充分的資金；銀行分流貨幣的功能，亦使得有資金需求的民眾，可以取得個人所需的資金。

各位絕對想不到現代金融的問題，竟然就出在銀行的存款放貸功能上面。銀行的存放功能使基礎貨幣的數字（存款數字）不斷地被放大，而在存款數字被放大的過程之中，債務也同時不斷地增加。這些存款數字並非平均分散在大家身上，而是過度集中在少數人的身上。所有的人都知道金融體系的運作就是由存款、貸款與還款，讓這三者不斷地循環，銀行才能順利地運作下去。假如存款大量集中在少數人的身上，使其他人又無法獲得足夠的貨幣時，金融體系的循環就會發生問題。因為借款人賺不到錢，償還不出貸款，銀行就會因現金流量的不足而倒閉，其問題的根源卻是來自於財富被少數人集中所造成。

並非是銀行幫助經濟循環的功能有什麼不好，而是這種功能有著先天上的缺陷。金融運作可以活絡經濟，貨幣則是金融運作的基礎，當金融體系變得龐大，而現金流量卻不足時，金融體系就會開始崩解，經濟循環自然會跟著出問題。正因為存在這樣的缺陷，才使得經濟不斷地出現繁榮與衰退循環問題。認清現代經濟問題的根源，和財富集中後所帶來的金融破壞，才能真正地從根本去預防與解決經濟崩解的危機。本書以一九二九年經濟大蕭條與二〇〇八年次貸金融風暴的歷史，來深入說明經濟問題的根源從何而起，以及該以什麼樣的態度和方式解決這些問題。

目錄

第五章 不斷重複的歷史 105

表目錄

圖目錄

ONE

以美國爲中心的世界

美國隨著移民潮快速崛起，
每一次的戰爭爆發都讓美國更為強大，
進而一躍成為全球的經濟霸主。

移民潮帶來的繁榮

移民帶來了人力生產，增加了商品的產量和消費，使社會產生正向的力量。

在機器生產力還不是十分強大的年代，地方的開墾與商品的生產，始終得靠大量的人力來進行。美國的移民政策是促使全世界民眾爭相湧入的重要因素，因為他們了解到美國內部進行開墾與生產的工作，都需要大量人力來支持。一連串的開墾政策，則刺激了人們對財富的幻想與渴望，為了獲取土地與財富，他們大量地向美國西部前進。

從一七八三年美國贏得獨立戰爭後，美國開始擁有自主獨立的經濟自由，民眾也比較願意為了自己的財富而努力工作。到了十九世紀中葉，美國政府開始用一連串的政策，不斷地鼓勵民眾前往西部開發，這就是歷史上著名的美國西部拓荒史。過去一部著名的美國影集「與狼共舞」，敘述美國居民西拓時與印第安民族所發生的衝突，就是在那個時代下的背景產物。

擁有廣大的土地後，美國內部存在不少衝突與矛盾，經過幾次內部戰爭，美國最終擁有一個具有較大規模的聯合政權，一般通稱為「美利堅合眾國」，也就是我們現在所稱的美國。從此以後，美國經濟發展開始突飛猛進，並深深地影響全球的經濟發展與貿易運作直到今日。

十八世紀末到十九世紀中，美國人均產值增加率約為百分之零點五左右，而到了十九世紀末，美國人均產值年增率已來到百分之一點五。隨著美國工業化進程的速度加快，使美國的經濟力開始有了較大的進展。十九世紀末，美國已成為全球工業的領頭羊，吸引成千上萬來自歐洲與其他國家的移民。到了二十世紀初期，美國的年生產總值已比過去成長三倍之多。

大量湧入的移民為美國的經濟帶來增長的動力和良好的基礎。他們帶來大量的資金與勞動力，使美國工商業蓬勃發展。美國總統林肯甚至通過鼓勵移民法來吸引更多的歐洲移民。一八六〇年至一九二〇年間，美國移民人數總共增加了約三千萬人。在一八二〇至一九二〇年的十年間，移民人口年增率在百分之二十以上。到了一九二〇年，美國的人口總數首度超過一億人口。

在大量移民的過程中，美國政府無需教育和培訓，就能從歐洲得到成千上萬擁有熟練技術的工人。一八七〇至一八九〇年間，來自歐洲的移民中，大約百分之二十的移民是擁有熟練技術的工人，他們為美國的鋼鐵業、紡織業等提供先進優良的技術，並成為未來美國經濟發展的堅強後盾。一八七〇年，美國的工業生產總值已占全球的工業總產值百分之二十五，僅略低於英國的百分之三十。然而，到了一九〇〇年，美國的工業產值更達到了世界的百分之三十，同時期的英國卻僅剩下全球百分之二十的工業產值。在大量移民潮進入美國的這段期間，美國的工業產量足足增長了六倍之多。

美國的移民潮不但對美國的文化形成，產生了深遠的影響。美國在短短的一百年內能夠迅速崛起茁壯，取代英國成為世界經濟強國，並為以後成為世界超級強國打下深厚的基礎，移民潮可說是使美國強大的幕後推手。

飛躍式的經濟成長

西部拓荒所發現的天然資源，為美國的工業發展帶來了巨大的能量；人口的大量成長，為美國國內的生產者創造了龐大的消費市場。

美國擁有得天獨厚的天然資源，在外來移民湧入的這段期間，美國以前所未有的速度往西部開發，因西部開拓而得到的天然資源也有驚人的成長。在擁有充沛的資金、大量優良技術的人口、廣大的土地，以及豐富天然資源的優越條件下。美國的工業發展自然有如乘坐火箭般地快速往上飛升。

十九世紀中，美國西部各地紛紛發現大量的天然資源，如黃金、銅與鐵礦砂等，尤其是發現黃金的地區，更是聚集了大量的人口。像是舊金山，因為淘金熱的關係，短短的幾年內湧進了數十萬人口，遠超過當地原有萬餘人的人口。礦區的開發使得當地迅速發展成都市經濟中心，舊金山也從此成為加州的商業與金融中心。

農產品的產量在此時也有大幅度的成長。特別是在南北戰爭過後，農奴制度的廢除與新農業技術的引進等，機械化的耕作方式大大提升了農業的效率。各種農作物的生產數量都遠較過去成長了數倍以上。農業總產值也有了顯著的提升，從一八六〇年的二十二億美元，一直成長到一九〇〇年的五十八億美元。

十九世紀後期，農業機械化迅速發展。此期間的耕地面積由四億英畝增加到九億英畝，農作面積整整擴大了二倍多，小麥和玉米的產量也增加了約三倍多。此時大農戶開始排擠和兼併一些較小的農戶，大農場數量逐年增加，一九〇〇年美國半數以上的農產品是由六分之一的大農戶所生產的。

橫貫美國大陸的四條鐵路剛剛建成，連結了美國東部舊墾區與西部廣大新墾區，促進了美國內部統一市場的形成與擴大。外國移民的大量湧入，提供了充足且擁有熟練技術的勞動力，使美國得以進行大規模的農業生產。鐵路的建設隨著美國移民不斷地往西部邁進，新的鐵路網絡把美國的經濟串聯在一起，各種天然資源不斷地輸往全美的工廠。木材、農產品、各種礦石，以及原油的產量，皆有數倍以上的成長。

大量的商品產出，象徵美國需要更多更大的市場，來作為國內商品出售的對象。美國的農產品出口以棉花與糧食為主，在這段期間的農產品出口，一直呈現穩定成長的狀態。但工業產品的出口成長速度，卻遠高於農產品的出口成長，同期工業產品的出口成長竟比過去成長了五倍以上。美國出口占世界貿易的總額也從原來的百分之八左右，一直成長到百分之十。在一八七〇至一九〇〇年這段期間內，雖然美國的農業生產比重下降，不過其農產品的供給數量，卻仍然是全球農產品主要供應國家之一。

縱使農產品擁有不錯的利潤，然而製造業的商品利潤卻遠超過農業產品。因為製造業的大幅成長，美國的國民生產總值（GNP）也從原來的一百億美元，迅速增加至三百五十億美元，足足增長了三倍半。

為了提供更多的消費商品，美國開始興建大量的工廠，並集中在某些特定區域，工業區附近則因人口的集中而形成都市。美國的經濟結構開始由過去以農為主的鄉村型社會，逐漸轉變為以都市為中心的工業社會。大型的工廠與熱絡的商業模式，提供了大量的工作機會，這使得過去在鄉村找不到工作的人們，開始大量往這些地區移動。為了提供更多的居住空間，各種密集狹小的高樓陸續被興建，也只有這種大量密集的住宅，才能滿足這些由鄉村湧入的人口居住。

由於農產品的產量早已足夠應付日常所需，取而代之的就是各式各樣的消費商品。全世界對消費商品的需求，使美國的工業發展突飛猛進。在一八七〇至一九〇〇間，美國農產品生產占全部商品的比重，從百分之五十下滑至百分之三十三，而同期工業產品的比重，卻從百分之三十三上升至百分之五十左右。這樣的產業結構變化，使得美國生活型態由過去的農莊型態，快速地邁向都市型態。

在十九世紀末，美國人口已成長至八千萬以上，相當於當時英國與法國人口的總合。都市化的人口結構，帶來大量且集中的消費市場。廠商便於集中供應而降低運送的成本。大量機械製的消費品有效降低了生產成本。低廉的價格使消費者有更多所得剩餘，去購買其他所需的商品。由於商品價格的下降，進一步刺激了個人的消費意願，大量的市場商機連帶地使廠商投資意願增加。

美國在十九世紀中，就已經成為一個標準的工業國家。從一八八〇年起，美國在製造業上的投資，從原本的三十億美元快速增加至一九〇〇年的八十億美元，製造業生產指數也跟著成長了二倍以上。雖然農業產值成長快速，工業產值卻以更驚人的速度向上攀升。十九世紀後期，美國科學技術領域中，有許多重要的發明與突破。其中首推電力的應用，電力廣泛地應用於工業上，使美國工業經濟開始大幅度地發展。一八八〇年，工業的產值比重已超過農業，工業生產總值由一八六〇年排名世界第四位，躍居至一八九四年世界的首位，美國成為高度發展的資本主義型國家。這段期間美國的代表性工業為鋼鐵業、重工業，以及汽車產業等等，一九〇〇年，美國早已成為世界的現代工業典範。

以當時製造業排名第一的鋼鐵業來說，冶煉技術的提升，加速了鋼鐵工業的發展。鋼鐵產量從原本不到十萬噸的產量，到了一九〇〇年，產量已高達一千萬噸。因煉鐵工業而衍生的相關產業，如金屬器具製造業、鋼管製造業、機械製造業等，也紛紛如雨後春筍般地設立。

由於鋼鐵業具有高資本的特性，也間接造就了某些大型企業的壟斷，如鋼鐵業龍頭卡內基鋼鐵公司，其產能已占全美鋼鐵產能的百分之二十五以上，其對鋼鐵價格的控制自然也就不言而喻。另一個具有壟斷性的企業指標，就是汽車業的福特汽車公司。在當時，福特汽車因擁有領先的技術與量產的能力，而能擊敗眾多汽車業的對手，並占有全美一半以上的汽車銷售市場。

為了取得競爭上的優勢，企業以擴大生產規模來降低成本，以取得競爭上的優勢。企業以不斷地併購行動來擴大與整合生產效能。一些企業開始對同業，或者是上下游廠商採取收購行動。從十九世紀中葉開始，這樣的併購行動就已經不斷地在進行。到了二十世紀初，企業的併購更到達了前所未有的高峰。企業在併購的同時，更聯合了同業中具有相同規模的企業，進行所謂的價格控制。他們並以此來消滅一些同業中較小的企業，來達到完全價格控制的目的。

這種不利於市場自由競爭的現象，受到了美國各州政府的重視。為了避免自由市場機制被嚴重破壞，以及美國經濟受到少數人掌控。各州政府開始制定相關法令，來防範這些壟斷性的商業行為，這些法令就是我們所熟悉的反托拉斯法。雖然反托拉斯法的實施，對大企業的價格控制力量有抑制的效果。然而，這些大企業對於價格仍具有一定的影響力。

美國隨著經濟力量不斷地擴增，一些具有產業壟斷的企業，如鋼鐵業大王：安德魯・卡內基與石油大王：洛克・菲勒等。這些大財閥不但在該產業具有決定性的影響力，他們更將其在經濟上的實力深入到美國政治圈內，左右著美國的政治生態，並對自由市場經濟產生了一定程度的不利影響。縱使美國在經濟與政治上潛藏著一些不為人知的黑暗面，但美國在一八六〇至一九〇〇年間，仍以前所未有的效率，提升著美國的經濟力，並成為世界經濟中不可輕忽的力量。

爲利益而戰

美國不是為了世界和平，而是為了自身的利益才投入戰爭。

為了經濟上的發展與需要，當時歐洲各國政府紛紛往海外爭奪殖民地，以取得原料供應及市場。二十世紀初帝國主義盛行，德國首相俾斯麥，為了統一德意志民族，因而較少參與對殖民地的爭奪。然而，德國國內中產階級興起後，為了有效擴大市場規模，紛紛要求德國政府要向海外爭取資源與市場。

威廉二世即位後，俾斯麥被罷免，德皇開始大力推動海外殖民政策，以彌補國內市場的不足。這個舉動損害了舊殖民勢力英法大國的利益，並引起英法兩國的不滿，之後接連發生了第一次和第二次摩洛哥危機。另外，德國與俄羅斯的利益也有所衝突，這亦使得兩大陣營的衝突更加深劇，戰爭爆發的可能性加大。

歐洲兩大軍事集團在戰前進行了激烈的軍備競賽，德國於一九〇〇年制定海軍法，拚命擴充海軍規模。英國向來是傳統的海權大國，為了保持英國在海外的勢力，英國開始在一九〇五年建造無畏艦，並制定比德國艦隊大兩倍的海軍政策，以保持海上優勢。在第二次摩洛哥危機後，英國更聯合法、俄兩國實施三國海軍聯防，即英國在北海、法國在地中海、俄國在波羅的海，分別對付德、奧兩國海軍。而在陸軍方面，一八八〇年至一九一三年間，德國常備軍由四十二萬擴充至八十七萬，法國亦由五十萬擴充至八十萬，俄羅斯也從八十萬增加到一百四十萬。雖然俄國的陸軍數量居全歐之冠，不過因其士兵素質低下，根本無法與德、法兩國受過堅實訓練的陸軍相比。

一九一四年七月二十八日，奧匈帝國向塞爾維亞宣戰。七月三十日俄羅斯開始總動員，出兵援助塞爾維亞。八月一日，德國向俄國宣戰，並於八月三日，向法國宣戰。八月四日，德國入侵當時保持永久中立的比利時。同一天，英國因比利時與英國隔海的距離相當近，對英國來說具有戰略上的重大意義，因而向德國宣戰。八月六日，奧匈帝國向俄國宣戰。八月十二日，英國向奧匈宣戰。歐洲戰事至此全面爆發。

第一次世界大戰開始後，美國宣布中立，並趁機向交戰雙方供應軍火，不久又對協約國提供貸款援助。一九一六年，美國總統威爾遜當選連任。一九一七年德國潛艇數度擊沉美國商船後，二月三日，美國總統威爾遜在國會上宣布與德國斷交。二月二十四日，美國駐英大使攔截到德國電報，上面顯示，德國向墨西哥表示，如果對美國宣戰，德國將把原來被美國奪去的西南部土地歸還給墨西哥。德國對墨西哥的慫恿行為，再加上先前德國無限制地使用潛艇戰，使美國多艘商船被德國擊沉。於是美國以此為依據，在四月六日向德國宣戰。

大戰開始後，同盟國與協約國雙方戰事數度呈現膠著狀態。直到美國參戰後，源源不絕的戰爭物資供應，戰事開始轉為對協約國有利。一九一七年十一月，東面戰線因俄國發生十月革命退出戰爭而結束，德軍立即集中軍力於西線，意圖在美軍到達歐洲前打敗英法兩國，以扭轉不利的局勢。一九一八年春，德軍接連於西線發動五次大規模的攻勢，德國損失十四萬兵力後仍無有效進展。而美軍的支援兵力則已到達歐洲，使協約國兵力大幅增加。

一九一八年中，德軍再損失十五萬人、數千門大炮及萬餘支機關槍。軍事失利的消息不斷傳回德國境內，使德國內部的矛盾加劇。九月，德國的興登堡元帥提出建議要結束戰爭，但德軍的最高統帥部卻仍意圖用剩餘的海軍船艦，準備與英國海軍進行最後決戰。結果德國水軍中大部分的士兵因不願白白送死，在基爾港口發生軍事譁變，並迅速蔓延至全國。十一月九日，德國首都柏林發生革命，德皇威廉二世宣布退位。十一月十一日，德軍向協約國求和，第一次世界大戰宣告結束。

從表面上看來，美國的參戰是為了維護世界的和平，但從事實分析，美國根本無意捲入這場戰爭。只要戰爭均衡情況沒被打破，美國就可以一直地享受戰爭為美國帶來的利益。戰爭是殘酷和現實的，從來沒有一個國家會為了所謂的正義去參戰。所謂的美國利益，就是削弱他人，強大自己的政策。從交戰的均衡力量被打破的那一刻起，美國只能為自身的利益向德國宣戰。

成爲新世界霸主

如果說移民潮讓美國強大起來，得以讓美國掌握全球經濟的關鍵；那麼，世界大戰的爆發，就是讓美國的勢力深入全球經濟。

相對於美國經濟的繁榮，歐洲各國卻因戰爭曠日費時而相繼發生經濟危機。戰爭的損耗是令人難以想像的，美國在戰爭中的損耗，遠較歐洲各國來得小。其中一方面是因為美國遠在大西洋的另一端，戰火無法波及到美國境內，使美國國內的經濟能與平時一樣正常地運作。

另一方面，美國是在戰爭末期才加入戰爭，在戰爭費用的支出上，當然遠低於已苦戰多年的歐洲國家。所有交戰國的費用，直接總支出為一千八百億美元（當時美國的財政稅收為四十六億美元），其中英國的支出約為六百億美元，而美國的戰費支出僅只有英國的三分之一。

歐洲各國為了應付本身國內的日常開銷，與龐大的戰爭支出，不得不向美國提出貸款需求。美國在參加戰爭後，不但必須維持本身的開支，還需負擔盟國在戰爭中的費用。美國在戰爭後期扣除盟國的貸款，總支出約為二百億美元。而美國在一九一六年的財政支出才六億多美元。

在戰爭期間，美國除了對歐洲國家貸款外，還不斷直接投資在美國周遭國家加拿大與墨西哥，以及世界各個新興國家。這些投資集中在機械、化工原料、木材、採礦與金屬製品等。美國透過擴大投資規模，來掌握鄰近國家的經濟命脈。一九一四年美國投資在墨西哥的金額大約八億左右，但這個金額已是過去英國投資墨西哥資金的三倍多，而美國投資在加拿大的資金也是一樣地龐大。到了一九二〇年，美國已經占有加拿大多數製造業的經營控制權，採礦業也多為美國企業所經營。

美國對於鄰近國家的投資不遺餘力，為的就是要獲得其國家經濟的掌控權。像在中南美洲、古巴與波多黎各的主要產業，幾乎都掌握在美國企業手中。而這些投資，主要集中在糖業、菸草、礦業、公用事業與金融業等。美國光是在一九一四年的企業海外直接投資就達到了三十五億美元，這個金額約占美國GDP百分之七。

美國因大量地供應盟軍戰爭物資，促進了美國的經濟繁榮。戰爭結束後，美國由原本欠債六十億美元的債務國，轉變為擁有一百億美元債權的債權國，此時的美國已成為最富有的國家。

第一次世界大戰對美國經濟影響是顯而易見的。戰爭爆發初期，因各參戰國對物資的需求，美國的貿易順差從五億美元，暴增至三十五億美元。各類民生物資與戰爭用品，持續從美國出口至歐洲。美國貿易大幅出超的現象，一直持續到戰後的第二年才有所減緩。戰爭為美國帶來巨大的利益和利潤，使美國國內各行各業都有巨幅的成長。

大戰期間，美國的對外貿易相當熱絡，為美國的工商業與農業帶來了良好的發展。其中美國的小麥出口，從不到一億美元成長至近三億美元。鋼鐵出口也從二億五千萬，成長至十一億以上。其他各類的商品出口數字，也都有數倍以上的成長。美國商品不但流向歐洲，更銷售到亞洲與拉丁美洲的新興國家，美國商品貿易勢力持續擴增至全世界。

龐大的出口需求，使美國工業與農業不斷地擴增產量，並增加了許多就業機會。美國失業人數從大戰初期的二百多萬人，一直降低至二十餘萬人，多數美國人得到充分的就業機會。就業人數的降低，有助於薪資的提高。僱主為了能夠順利僱用到所需的員工，不得不提高工資水準，來增加求職者的吸引力。隨著收入增加，民眾願意將額外的所得拿出來消費，商品的需求也因為消費的增加，使得物價隨之上揚。

因為戰爭需求的關係，歐洲各國不斷地向美國訂購大量的軍需品與日常生活物資；相反地，隨著歐洲戰事不斷地擴大，工廠運作嚴重受到影響，歐洲各國的工廠不但無力輸出，甚至連供應自己國內的需求都成問題。這麼一來，巨額的貿易逆差使歐洲的資金持續地流入美國。倫敦也因為戰爭的關係，金融商品交易量持續減弱，加上美國開始變得富有，倫敦金融中心的地位，便很快地被紐約所取代。

原來為世界金融中心，以及具有強大工業力的英國，在戰後雖然領土略有增加，但其對世界經濟的控制力，卻因戰時在物資上的巨大損失而大大地減弱。其國內的經濟亦因戰爭的耗損而大受影響，並出現了嚴重衰退。

戰爭除了影響參戰國的工業生產與經濟發展外，也影響了這些國家原有的資本存量。參戰國向美國大量購買物資的同時，歐洲各國的黃金開始大量流入美國，造成歐洲各國的資本嚴重不足。這對原本為世界經濟中心的英國來說，影響尤其嚴重，大量黃金與外匯在戰爭中被消耗殆盡。經濟上巨大的耗損，使英國對國際經濟的影響力大為減弱，其世界金融中心的地位，亦從英國轉變為美國。在戰後，國際資本重新洗牌，美國在此期間累積了大量資本，轉身成為世界第一經濟強國。

戰爭中唯一的獲利者

美國供應大量的商品給歐洲，也獲得了巨大的財富。

歐洲參戰各國傷痕纍纍、疲憊不堪，而遠在大西洋彼岸的美國，卻能從中獲取不少利益，相較之下，美國真可謂是漁利雙收。由於歐洲各國的工業、農業與其他產業受到戰爭的嚴重影響，商品產出大為減少，因而轉向美國購買本國所需之物資。美國雖未直接受到戰火的波及，但由於美國國內的物資大量銷往歐洲，使美國國內商品的供給減少，並帶動了美國的物價上漲。隨著戰爭的拖延，歐洲各國國內生產幾乎處於完全停滯的狀態，並紛紛向美國大肆採購各類商品，大量的黃金也從歐洲國家流入到美國。到了一九一九年，全世界幾乎有一半以上的黃金留存在美國。大量的商品需求，促使美國國內商品價格快速上揚，並造成美國嚴重的通貨膨脹。

另一方面，美國聯邦準備理事會在此時仍採取寬鬆的貨幣政策，並以大量的美國政府公債作為抵押，發行了大量的美元。美國國內物價便隨著商品持續輸出海外，以及美元的大量發行而快速地上漲。這使得美國物價上漲的情況，幾乎跟南北戰爭時期的通貨膨脹程度一樣地嚴重。

戰後的歐洲，跟美國一樣面臨著高度的通膨問題。歐洲許多國家工業被戰火無情地摧毀，若要恢復到戰前的經濟，就必須將這些被摧毀的工廠重新再建立起來。在恢復的過程中，物資無可避免就會發生短缺的現象，各種商品價格則因供給的嚴重不足而大幅上揚。歐洲國家如法國、比利時、義大利與葡萄牙等，商品價格約較戰前上揚了百分之八十以上。而戰敗國德國、奧地利與匈牙利等，則因割地賠款與海外資產被沒收，國內資本嚴重不足，而面臨前所未見的超級通貨膨脹。

引起通貨膨脹的主要原因，一般來說有兩種：一種是因商品供給的不足，另一種則是因商品需求的增加。其實這兩種原因說來說去，總歸就是當商品供給小於需求時，所引起的物價上漲。不過為了對現實的情況能有更精確地分析，在這裡仍以上述的兩種原因來加以區分。以美國為例，第一次世界大戰後的通貨膨脹期間，是從一九一八年底到一九一九年底，美國國內的商品供給，早已滿足美國國內的需求，也就是供給已經超過需求。不過美國在此期間卻仍發生了通貨膨脹的情況，其原因就在於美國的海外訂單突然大量湧入美國，這才引起美國國內商品價格的上揚。

另一方面，歐洲本身因受戰爭的影響，各種商品的產量嚴重下滑，無法滿足市場的需求，因而導致當地物價的上漲。但是大西洋彼岸的美國，卻仍有相當充裕的商品供應，而且商品價格相較於歐洲，更為低廉便宜，大量訂單便開始從歐洲流向美國，也使得美國的商品供應價格開始上漲。所以我們可以發現歐美兩地雖然同樣是物價上漲，實際的情況卻是略有所不同的，但兩地卻因為國際貿易交流的關係，發生了相同的結果。

如果兩地間的商品交易互不來往的話，那麼可以預見的是，歐洲一定會面臨更大幅度的商品價格上揚，而美國本身則將因商品供給過多而下跌。所以國際貿易仍有效地減緩了經濟上的衝擊，並刺激了產業的發展。

TWO

大蕭條前的歡樂

商品大量產出，工作機會眾多，
人人樂於消費，各行業欣欣向榮，
社會完全沉浸在歡樂的氣氛中。

短暫的低潮

戰後的需求銳減，使美國經濟陷入短暫的低潮。

戰爭使美國的特定工業產品迅速擴張，商品產量急速增加，如鋼鐵、紡織、造船等，美國農產品的產量也在此時大量地增加。由於戰時歐洲工業與農業幾乎處於停頓狀態，使得美國出口的工業與農業產品獲利豐厚。然而，經濟不可能永遠處於平穩的增長階段，國力再強大的國家，也會面臨到經濟衰退的窘境。

戰後，美國為了要儘速恢復戰前的工業型態（很多生產消費商品工業被改造為軍火工業），便大量地貸款給這些需要再一次轉型的企業。另一方面，美國政府貸款給盟國相當大的金額，使一九一九年的美國財政支出超過了收入，形成不尋常的財政赤字。

美國工業復甦的速度相當快，大量工廠恢復運作並創造出相當多的工作機會。

戰後四百萬的退伍軍人，恰巧迅速填補了工作的空缺，這使得戰後的軍人失業潮，未對美國經濟造成不利的影響。美國的國民生產總值在戰後的二年間持續上升。當時因戰事而停滯發展的建築業與汽車業又再度死灰復燃。加上銀行對民間的大量放款，過量的貨幣在市場上流通，帶動了民間物價的上漲。歐洲國家則因美國的大量貸款，而得以向美國購入該國所需要的相關物資。龐大的物資需求成長，使美國一九一九年和一九二〇年這兩年的出口貿易數字產生了不尋常的增長。

然而好景不常，戰爭雖為美國帶來巨大的利益，卻也造成了麻煩。歐洲國家早已因戰爭的消耗，使國內資本幾乎被消耗殆盡。美國大量的戰爭貸款，雖然讓這些國家有喘息的機會，不過龐大的利息支出與貨幣匯率的貶值，卻使這些盟國幾乎無力償付美國的貸款利息與本金，使得美國不願再增加貸款給這些盟國。由於缺少美國的貸款支援，歐洲各國無力再向美國進行大規模的採購，造成一九二一年美國對外出口數字突然大幅下降，嚴重衝擊到美國所有的出口產業。

受到美國出口貿易數量的減少影響，衝擊最大的莫過於美國的農業。美國農民在戰時因國外需求量大增，而紛紛增加種植面積，歐洲各國對農產品的需求，在戰後仍然有增無減，美國農民仍持續增加種植。然而，美國突然終止對歐洲各國貸款，加上歐洲農業復耕，歐洲農產品產量陸續回到戰前的水準，歐洲對美國農產品的需求開始大幅下降，因此導致美國農產品價格大幅滑落。

過去美國農民為了進一步增加產量，向銀行大量貸款來購買土地與農業機具。但是，在未能趕得及以更好的價格出售前，農產品價格卻已經開始大幅滑落，甚至跌到成本以下。歐洲各國農業恢復生產後，向美國採購的農產品數量大幅減少，市場上到處充斥著賣不出去的農作物。小麥、玉米與棉花的價格在一年內已跌到原有售價的一半。原來為了應付歐洲需求而僱用的農場工人，紛紛遭到解僱，在一九二一年總計有超過五百萬從事農業的工人失業。

工商業的情況雖然不像農業那麼糟，但同樣也好不到哪裡去。在一九一九年有六千多家企業倒閉，而到了一九二一年，這個數字成長了三倍以上。一九二一年裡，倒閉的銀行也達到了五百家左右，信用貨幣受到嚴重影響而大幅緊縮。貨幣的緊縮則使商品價格持續下滑，商家為了獲取貨幣，則紛紛降低商品價格，一般商品價格在短短的一年內下降了百分之三十以上。

歐洲的情況也同樣不理想，英國國內的商品批發價格，隨著美國出口商品價格滑落而大幅下跌。英國的商品價格下跌幅度達到百分之五十，生活費用與工資也跟著商品價格滑落，工資減幅甚至達到百分之四十以上。商品價格的下滑，使得生產者虧損累累，許多廠商因為不堪虧損而倒閉；一般民眾則因工作機會大量減少，而導致失業。通貨緊縮給商家與個人帶來巨大的痛苦。

經濟衰退的影響是顯而易見的，工廠的倒閉、工人的失業，以及消費力量的一再減弱，這都使得美國社會到處瀰漫著一股恐慌與不安的氣氛，更不知春天的燕子何時會再度歸來。

貸款所創造出來的歡樂

當個人將積蓄花光後，還能拿出來消費的，就只剩下未來的財富（貸款）。

美國在一九二一年陷入全面經濟蕭條，人民普遍期望能從衰退中走出來。此時共和黨參選人哈定，提出「讓經濟回復正常」的口號，贏得了美國大部分民眾的信任而順利當選。哈定上台後，大舉放鬆貨幣政策，對金融業採取放任的態度。銀行大舉放貸，使大量的資金從銀行流入市場，並帶動產業與經濟的繁榮。

一九二二年初，美國經濟已完全擺脫先前萎靡不振的情況，物價轉而大幅上揚，信貸金額達到歷史的高峰。前二年，因需求不振而導致經濟的過度萎縮，美國民眾普遍希望能以刺激美國出口，來提振國內需求與抑制物價的下跌。美國聯準會開始收購政府債券來釋出大量的貨幣，加上營造低利率的環境，讓民眾大量向銀行貸款去消費和投資。

這兩項措施的效果，使物價開始由跌轉升，美國的通貨膨脹率開始上揚。美國銀行業因國內的低利率環境，且貨幣持續維持貶值的狀態下，銀行開始向歐洲進行大量的放貸，以獲取較高的收益。這些海外放貸，則連帶刺激了海外的商品需求，並使得美國商品出口重新暢旺起來。

一九二〇至一九二一年整整兩年的期間，物價一直處於下跌的狀態。由於美國的農產品過剩，以及美國海外需求突然大幅下跌，農場主成為當時最大的受害者。過去為了應付海外需求的持續增加，農場主向銀行大量貸款，用以購買農地與農用機具。但在一九二〇至一九二一年那段期間，農產品價格持續下跌，使多數農場主的資本被消耗殆盡，財富瞬間化為烏有。直到哈定上台後，開始採用更寬鬆的貨幣政策，並放寬了信貸的限制，讓銀行對購買大量美國商品的外國企業進行大量放款。這種海外放貸的措施，使農產品的價格開始從一九二二年起，止跌回升。

美國聯準會在一九二二年中大舉購入市場裡的政府債券，用以釋出大量貨幣。市場則因貨幣的注入而再度活絡起來，並刺激了投資意願。投資的增加使得工作機會變多，人們有了收入後，變得比過去更樂於消費，商品價格因為消費的增加而再度上揚。這種一連串的現象，皆伴隨著通貨膨脹，並使得人們普遍相信通貨膨脹有利於經濟的發展。

哈定另一個重要的施政措施，就是採取貿易保護主義。透過關稅或配額的方式，來防止其他國家的商品大量進口。保護主義的實施，使過去向美國銀行業大量借款的歐洲國家，無法藉由出口商品到美國，以賺取外匯的方式來償還貸款。他們最終只能再擴大借款的金額，以新債還舊債的方式來支應數量龐大的貸款和利息。大規模貸款給外國的行為，是一九二三年至一九二九年美國金融業的重要特徵，這些舉措也種下了往後金融大災難發生的惡因。

雖然美國政府有理由相信，通膨政策與保護主義可以讓本國的產業與經濟獲得可靠的發展。然而，這些措施無疑也侵害了美國消費者的權益。年年上漲的商品價格抵消了工資的增長，勞動階層並未從中獲得太大的益處。他們只不過得到了可以維生的工作機會。

在這中間，唯一受損的就只有消費者的權益。其他如進出口貿易商、銀行與工業卻都能從保護主義中獲利。進口商因保護主義的盛行，而獲得控制價格的機會。購買大量美國商品的海外企業，因為獲得銀行資金的資助，加大了對美國的採購量，使美國出口商獲得更多的出口機會和利益。銀行業則因放款給外國企業，而獲得比國內更高的收益。美國國內產業也因為保護主義的實施，而能夠免受干擾地進行發展和擴充。

隨著銀行信貸的放寬及個人信用擴張，使消費循環的速度加快，各類新科技產品帶動大量的購買人潮，工廠無不卯足全力加速生產，以補充各種隨時可能短缺的新商品。由貸款所增加出來的消費，使市場商品的交易又重新活絡起來。個人與廠商都從市場的活絡獲取不少利益，整個社會處於一種大家都有錢賺的狀況中。收入的增加，使人們樂於將手上多餘的資金拿出來消費，去購買一些原本不太需要的新商品。工廠迅速擴張並到處張貼徵人廣告，工資持續提高，人們生活變得更加寬裕，遊樂園裡到處可以看得到人們歡樂而滿足的笑容。

新科技產業盛行

新科技帶動產業的發展和增加商品的產量。

一九二三至一九二九年間，物價呈現穩定的上升趨勢，資本主義進入穩定成長的階段。美國國內由於廠房與設備更新，建築業的興起，汽車與鋼鐵工業的擴張，以及商品和資本輸出激增等影響。一九二三年美國工商業出現了新一波的成長動能。為了能有效提升生產的效率，產業紛紛採用最新的科學管理技術與新的生產方式。

以汽車工業來說，他們採用了泰勒的管理方法與大規模的生產模式，加速了這個產業的發展。光是在一九二五年，這個汽車行業就僱用了將近四百萬名的勞工，這個數字在當時已占了全美國四千五百萬人口中相當大的比例。由汽車業蓬勃發展所創造出來的財富與就業機會，刺激了工資的增長，也加速了經濟活動的運行。

刺激汽車工業發展的另一項主要助力，就是大量興建公路，美國各主要城市的道路，以及各城市間的連接道路，持續地建立起來。此期間美國政府在公路建設上的支出，每年約為二億美元。新式的公路與四通八達的公路網，使汽車的行駛較以前更為便利。便利的行車方式促進了人們購車的慾望，各式新出產的汽車紛紛被人們搶購，銀行也樂於推出汽車貸款，來滿足民眾的消費慾望。在當時，全美有超過百分之八十的家庭擁有汽車，是全世界汽車擁有率最高的國家。

這個時期製造業的另一個發展主軸，就是新式家電用品的發明，像是電冰箱、洗衣機、電視等。以電冰箱的例子來說，雖然早在十九世紀，就已經有人運用化學變化所產生的冷卻效應來製造冰箱。然而這樣的冰箱在家庭使用上，並不是那麼便利，以致無法激起人們的消費慾望。到了一九一八年，美國科蘭特公司製造了世界上第一台機械製冷式的家用電冰箱。新式電冰箱的出現，宣告了家用電冰箱邁入另一個新的發展階段。人們不必再為了食物的保存而大傷腦筋，就連在夏天，放進冰箱裡的食物，也能夠維持好幾天的新鮮。當時的人們連想都沒想過，竟然有人能發明這麼方便好用的家用電器。

新奇與方便的家電用品，刺激了消費者的購買慾望。隨著工資的提高，不少民眾爭相購買這些新式商品。由於這些新式家電產品多半已能大量生產，生產成本的下降，使家電銷售價格也跟著大幅下降。另一方面，新式家電讓家庭生活更為方便，也

表2-1 美國工業指數與國民生產總值

年份	工業指數（1913年=100）	國民生產總值（單位：10億美元）
1920	124	85.3
1921	100.1	68.7
1922	125.2	69.5
1923	144.4	81.2
1924	137.7	81.8
1925	153	86
1926	163.1	92
1927	164.5	90.4
1928	171.8	92.2
1929	188.3	98.4

資料來源：美國財政部

提供了生活上的娛樂，造成家庭主婦搶購熱潮。為了應付漫天飛來的訂單，各種新式家電的製造商開始擴大規模增加產量。在這股消費熱潮下，家電用品的產值在一九二〇至一九二九年這十年中，足足成長了數倍之多。在這段期間，家電用品的消費支出，已占全部消費的十分之一。這或許就是人類好奇的天性，所引發的一種消費習慣。

從表2-1中可以看出，新科技的發展與新商品的推出，帶動了美國工業快速地擴張，國民所得在此時也不斷地增加。

熱絡的房市交易

都市密集的人口造就了都市房價的攀高，人們為了不想再被屋主剝削而貸款買屋，沒想到高額的房價卻是另一種形式的剝削。

工業革命以後，需要大量人力的工廠興起，提供了許多就業機會。工廠周遭因為方便就業，這些地段便陸續發展成擁有大量人口的都市。都市提供了許多便利的生活機能，以及形成各種商業活動，並進一步創造出許許多多不同類型的工作機會。受到大量的工作機會所吸引，鄉村人口開始從四面八方湧入都市。為了解決居住問題，都市裡開始興建各式高樓住宅，以滿足這些新進人口的居住需求。為了生存，人們不得不到都市中謀生，大量的人口聚在一起，居住就成了令人頭痛的問題之一。

經濟蓬勃發展的過程中，各類工商活動在都市裡頻繁地進行著。新的工作機會不斷產生，更多人進入都市尋求好的工作機會。原本的小城鎮，在此刻轉變成具有龐大人口的都市。都市的成長象徵更多房屋興建數量的產生，都市人口占全國人口的比重也越來越高。

因此，我們可以得出一個結果，工業革命後，經濟的增速發展必然使都市人口比重變得更高。新移入都市人口的居住需求，加上原有人口的換屋需求，轉化成龐大的建築動力。由於戰爭的緣故，美國的工業大量轉成軍火工業，房屋的建造便停頓下來。在房屋供給減緩且人口又持續湧入都市的情況下，房屋的租金持續攀升。戰後經濟轉為發展民生工業，高漲的房租與大量的購屋需求增加，刺激了建築業的發展。

在一九一八年，各類建築的支出為三億七千萬美元左右，然而到了一九二五年，整體建築支出已經達到三十四億美元，成長了將近十倍。在一九二六年最高峰時，更高達一百二十八億美元，建築業以如此高的速度成長，更帶動周邊行業的興盛，像是水泥業、鋼鐵業、各類建材業與家具業等。

一九一四年底，全美擁有房產的家庭不過才三百萬戶；到了一九二四年，擁有房產的家庭已增加到了一千一百萬戶，足足成長了三倍多。大量的房屋被工薪階級以貸款的方式購買，每個房屋的背後都象徵著財富被快速移轉。大量的房屋被購買，則代表大量的財富移轉到這些建築業者的身上。

房屋的所有權從建築業者移轉至購屋者，銀行存款從銀行移轉到建築業者身上，而銀行只剩下對貸款購屋者的債權。房建業蓬勃的背後，竟是龐大債務的產生，這樣不正常的結構關係最終將導致大災難的來臨。

用分期付款來購物

部分是自己擁有的錢，部分則是向未來借的錢，分期付款就是這樣的概念，整個社會都在預支未來的財富。

就業環境的好轉與工資的提升，使消費者樂於以所得剩餘來進行消費。為了獲得更多的市場，商品銷售業者想出一個新的消費模式，那就是「分期付款」的概念。新式商業型態的業務推展，進一步誘發出消費者隱藏的購買力。

在當時，只要有穩定的工作與收入，就能夠使用分期付款的方式來進行消費。各式各樣的分期商品推出，人們只要掏出商品價格的一小部分金額，就能馬上買到當時最新穎的商品，這樣的消費習慣幾乎跟現在沒什麼不同。許多人在不知不覺中擴大了個人消費，讓自己背負了許多未繳的帳單。在整個二〇年代，美國人幾乎都是以這樣的模式在消費，百分之五十以上的汽車銷售，都是以貸款的方式來購買。其他家電用品與耐用品，則有百分之二十左右是以分期付款的方式銷售出去。

我們知道這樣的消費模式終究是不正常的，因為分期付款是讓個人將未來的收入，用預支的方式來消費掉。雖然個人可以提早享受到許多新式商品的使用樂趣，以及因這些商品所帶來的便利。然而，若是全體社會都以預支的模式來進行消費，可以預見的是，未來當經濟開始走下坡時，這一切的預支都將會成為沉重的夢魘。

就連廠商的部分也面臨同樣的問題，分期付款所帶來的需求終究只是短暫的，問題往往出在消費者面臨還款的時候。廠商為了應付這些額外的需求，就必須投資擴廠以增加商品供給。當這些消費在一瞬間突然消失無蹤時，這些擴廠所增加的商品供給，就成為廠商的沉重負擔，許多產品因為銷售不出去而變成庫存。另一方面，終端經銷商為了提供分期付款的消費服務，必然也會向上游的廠商要求將貨款延後給付。

所以一旦消費者付不出分期貸款，經銷商便必須承擔貨款無法回收的風險。如果無法按時付款的消費人數越來越多，經銷商的資金壓力就會非常沉重，一旦周轉不靈則會面臨倒閉。廠商也是這個消費循環中的受害者，因為原本幾個月後要支付貨款的經銷商倒閉後，這些貨款最後就變成上游廠商的呆帳。

另一方面，美國不正常的消費方式，不單只是表現在分期付款的消費模式。銀行業者眼見消費市場活絡，也推出各種消費信用貸款，這種貸款的概念也跟分期付款的模式差不多，差別只在於風險是由業者或是銀行承擔罷了。銀行依個人工資收入的狀況貸款給消費者，日後消費者則按月攤還給銀行。一些高昂的熱門商品，在廣告的強力促銷之下，消費者紛紛向銀行聲請這種信用貸款，來購買這些高價商品。由於執政者對於消費信貸所隱含的風險觀念相當薄弱，並未在這些方面加以節制，銀行為了謀取高額的利潤（消費信貸的利息較高），便不斷地擴大消費信貸的放款規模。最終這種消費模式，致使美國消費者的債務不斷往上累積，成為將來惡性通貨緊縮的導火線之一。

現代人經常使用分期付款的購物方式，想不到早在百年前就已經有人開始使用，而且使用的人數還相當地多。「先享受，後付款」的口號，讓人產生免費消費的錯覺，使人們忘記背後所需承擔的債務。還沒賺到的錢就已經預先消費掉，卻沒想到這些商品不可能是廠商免費贈送的，而是要靠個人未來努力工作來償還。

大吃小的時代來臨

在資本主義社會，實力代表一切，缺乏實力者只能被併吞或是退出市場。

經濟的快速擴張，使新設立的企業與工廠數目快速增加，在自由競爭白熱化下，企業的利潤開始大幅下降。到了二十世紀二〇年代末期，企業削價競爭的情況更為明顯。與此同時，因為同業競爭的壓力，以及為了擴大規模來有效降低成本，美國企業又興起了合併浪潮。這股合併現象遍及各個行業，包括銀行業、工業部門，特別是水、電、煤氣等公用事業，最後擴展到零售部門。

一些規模較小且無法有效降低成本的企業，如果不尋求合併的機會，就會面臨價格的競爭而產生虧損，最終只有破產一途。激烈的競爭環境，合併浪潮在經濟開始走下坡的時期，有越演越烈的情況，合併的現象不斷在整個二〇年代中反覆地出現。由於公司股份制日趨成熟，許多大企業開始用股份交換的手段，來併購其他競爭對手。

企業合併的數量持續增加。一九二九年，製造業的合併企業已經達到了一千多家，合併的數量在短短五年內成長了四倍。一九二九年底，美國排名前二百大的企業，已經擁有控制美國近一半公司的經營權，或是擁有大量的股份。

在當時，美國也出現了與現在類似的加盟制度，許多同類的茶葉銷售，或是菸酒銷售商店，開始掛上同樣的商店名稱。由於這樣的制度，可以使一些過去名不見經傳的小商店，提高知名度而增加銷售業績。另一方面，這些小商店也能經由聯合採購的方式，使得商品的進貨成本下降。原本一些不願意加入的商店，因為價格競爭的壓力，也開始加入這樣的組織。到了一九二九年，一些聯合商店的規模，甚至擁有超過一萬五千家的商店，進入這個加盟體系，規模十分驚人。

不只製造業出現了合併浪潮，就連商業銀行與公共事業也在這個時期出現大量整併的現象。當今擁有全球一億個客戶與二兆美元資產規模的花旗銀行，在當時併購了美國的農民貸款銀行與信託公司，成為當時美國數一數二的大型商業銀行。而現今全球最大的摩根大通銀行前身「大通銀行」，在這股合併浪潮中，則併購了美國的合作信託公司，成為當時全球資產規模最大的商業銀行。另外一些公用事業，如電力公司，也出現了一波較大的合併動作。一些大型的電力公司陸續透過換股的方式組成控股公司，並吸收其他規模較小的電力公司。經過幾次的整併下來，幾家規模較大的電力控股公司，已經掌控全美國百分之二十以上的電力供應。

在美國經濟繁榮期間，私人壟斷的情況已有惡化的趨勢。美國國內產業極不平衡的發展，使得部分產業出現了嚴重的生產過剩，國民經濟各部門的比例嚴重失調。生產與消費並未有緊密的連結，從事農業經濟的人們，並未能從這一波經濟成長中獲得任何好處。反而因經濟不均衡的發展，使得經營農業的業主長期陷於入不敷出的窘境。

公司不斷進行合併，其目的就是為了創造規模經濟，來使製造成本下降。然而規模經濟的背後，也存在著風險。隨著企業規模不斷地擴充，象徵經營風險正逐漸升高，各種固定成本與開支日益龐大，企業每日必須要能夠獲得足夠的收益來維持這些支出。為了維持經營規模，企業甚至要不擇手段來獲取市場占有率。這樣的現象，也替社會帶來不少的風險，經營規模龐大的企業，一旦因經營不善而倒閉，馬上就會帶來大量的失業人口，和產生巨額的銀行呆帳問題。

貿易保護成爲大災難

為了保護自己的產業，而限制別人進口，如果所有的國家都只想保護自己，那麼最後整個市場就會變成一灘不流動的死水。

一九一八年以前，美國境內的農產品，是屬於利潤相對較高的商品之一，當時的農產品價格甚至高於工業生產的商品。然而，農產品的利潤，卻很快地因為農業機械化與科學化的關係而大幅下滑。龐大的農產品供應量沖垮了整個農業銷售市場。農產品的過度供應，使得美國已經飽和的農產品市場，開始出現農產品大量滯銷的情況，美國國內根本無法消化這麼龐大數量的農產品。戰後歐洲農業開始復甦，對美國農產品需求量持續下滑，美國農產品的海外市場大幅萎縮。在這種不利的因素之下，儘管戰後世界的經濟與貿易日趨活絡，美國農產品價格仍呈現下滑的趨勢。一九一九年，美國農業出口總產值為四十億美元；到了一九二三年，農產品出口僅剩下不到二十億美元。美國農業生產過剩的情況非常嚴重，農產品價格也隨著市場的供過於求而大幅滑落。

戰爭期間，人口的減少也是讓農產品需求下降的主要原因之一。青年因戰爭的關係大量死亡，人口不斷銳減，出生率在戰爭中持續低迷不振。但美國農業並未因外在環境的改變，而調整本身的產量，經營者不但未因價格下滑而減少生產，反而更進一步加大了生產的力道。他們想藉由增加銷售數量，來彌補因價格下滑所導致的收入減少。在有效需求不足的情況下，卻反而增加農產品的供給，這樣一來，則更進一步引發農產品價格的崩跌。

雖然農業部門隨著科技的發展，在美國總體經濟上所占的比重越來越小，不過美國仍有許多人口從事農業方面的生產。美國人口中，有將近一半的人口是從事農業相關的工作。農產品的下跌，給農場主和農民帶來不小的麻煩。多數購買農地、農業設備與農業原料的資金皆是來自於銀行貸款。農產品價格的暴跌，使許多農場主面臨嚴重的資金周轉問題。這段期間，平均小麥價格跌了百分之六十，玉米價格也跌了百分之七十五，農場的收入大幅下滑，平均每個農場的收入都減少了六成以上。

一些農場主因收入急速減少，而無法如期支付銀行貸款，大量農場主破產，並失去了自己的農場。在一九二〇至一九二一年的經濟蕭條中，超過四十萬以上的農場主失去了自己的農場。農業經濟遭受嚴重打擊的地方，集中在那些專門生產小麥、玉米、牲畜和棉花的地區。

另一方面，農民收入的減少和破產，連帶使大量的鄉村銀行跟著倒閉。戰爭期間，歐洲農業生產無法順利進行，農產品極度短缺，極需外來的供應。大量的農產品訂單從歐洲湧入美國，並引發農產品價格的直線上漲。在歐洲訂單的刺激鼓勵下，農場主為了增加產量，紛紛向當地的銀行大量貸款來購買土地、農業機械、種子和肥料。美國政府為了賺取大量的外匯，也十分鼓勵銀行貸款給農民來增加生產規模，一些鄉村銀行則因大量放款業務的增加而日漸茁壯。令這些鄉村銀行想像不到的是，這些在當時利潤相當豐厚的農業經濟，到最後居然也是致使他們破產的重要因素。原本以為萬無一失、利潤豐厚的貸款業務，到最後卻變成各家銀行避之唯恐不及的不良業務。

農業的發展使土地交易持續熱絡，並引發土地價格的大幅上漲。鄉村銀行在辦理土地抵押借款的同時，也向農民收取承辦手續費，這項業務的收入讓鄉村銀行的實力與日俱增。不過，大量的土地與農業貸款，卻也鑄下了嚴重的經濟後果。一九二〇至一九二一年農產品的價格狂跌，農業貸款違約的件數激增，大量鄉村銀行由於農民的破產而跟著倒閉。在這段期間內，倒閉的銀行家數總共有五百多家，其中絕大部分都是承辦農業貸款業務的鄉村銀行。

面對戰後的農業蕭條，美國政府開始採取各種措施來解決這一問題。但美國政府並未積極尋找農業衰退的真正原因，反而是舉起了貿易保護的大旗，試圖以加重關稅措施來保護其國內農業市場，以避免外來農產品的競爭。事後證明，這些措施非但未能解決農產品需求長期萎縮的問題，反而因高關稅率的實施，引起了其他國相繼以調高關稅來報復美國，惡化了美國對外貿易的環境，進而加速農業的蕭條。

美國在一九二一年制定了《緊急關稅法》，該法在美國關稅保護上是一個重要的指標，它象徵美國又重新舉起貿易保護主義的大旗傳統。這個法案的出爐，使農產品關稅稅率大幅度提高，外國農產品價格高出美國國內農產品數倍以上，外國農產品幾乎不可能與美國本土的農產品競爭。這一法案雖使美國農民在本土的農產品銷售市場上，享受到掌握本國市場的好處。不過這樣的好處並未給農民帶來多大的利益，因為美國市場本身早已處於供過於求的狀態，縱使外國農產品的進口減少，也未能有效改變供過於求的現象。農民實際能從中獲得的好處並不多，反而國外農產品市場才是這些農民最需要的一塊市場。

美國接著在《緊急關稅法》的基礎上，又頒布了《福德尼—麥坎伯關稅法》。該法案再一次提高了農產品的關稅稅率，也加大了關稅保護實施的種類和範圍。該法案同時授權總統可以在百分之五十的範圍內，依照情況自由提高或降低關稅稅率。這個法案從哈定總統到胡佛政府，一直是共和黨在農業保護上相當重要的農業政策。令美國政府感到不解的是，高關稅政策並未帶來令人滿意的成果，美國農業也未因此出現復甦的跡象。

由於美國政府未能充分理解農業蕭條的根本原因，所以也根本不可能在這個問題上，找到根本解決的方法。世界的經濟結構正朝著工業化在轉變，整個世界經濟的運作方向早已與過去完全不同。在新的經濟運作結構底下，努力維持大量的農業運作對經濟一點幫助也沒有。但是美國政府卻對此一趨勢的轉變渾然未覺。

農民為了求生存，他們勢必要獲取足夠的利潤，才能應付他們的日常支出與貸款償還。他們也意識到工業商品的價格，已經遠高於農業產品的價格。為此，他們提出更多的訴求，好讓政府保證他們能獲得一定的利潤。由於支持這個訴求的農民越來越多，代表農民利益的國會議員便很快地在國會上提案，這個關於農業振興的提案就是《麥克納利—霍根法案》。

由於農業利益集團在美國國會中，占有極重要的地位，因此在農業利益集團的操控下，除了維持高關稅政策外，又採取了兩項重要措施。其中之一，就是設立一家國營事業公司，來專門收購過剩的農產品，藉以使農產品價格能夠維持在一定的水準。

另一個政策，則是這一家國營公司不管國際市場上的價格高低，皆會將購買回來的農產品向國際市場售出，以阻止國內農產品因供給過剩所造成的價格下滑。

美國的高關稅保護主義，很快地引起國際間其他國家的不滿，尤其是歐洲國家。因為美國過去在戰爭期間，向歐洲各國賺取大量的貿易利潤。在戰後美國仍持續不斷地將商品輸出到歐洲各地去。但現在美國政府卻為了保護美國本土的農業與企業，藉由高關稅的做法來阻止其他國家產品的進入。這樣的做法，當然會引起這些大量進口美國產品的國家不滿。

為了報復美國，歐洲國家也紛紛開始築起貿易高牆。各國相繼將關稅的稅率調高百分之十五至百分之五十，讓他國的產品價格過高，因而無法與本國產品競爭，以阻止國外的產品進口。關稅壁壘使各國在出口上遭遇前所未有的困境。商品因關稅稅率過高的關係，難以進入其他國家的市場。國際間的貿易急速萎縮，各國皆出現不同程度的商品供給過剩問題。各國間貿易需求量的銳減，嚴重影響了世界經濟的發展，也為一九二九年的經濟大蕭條埋下了隱患。

THREE

瞬間消失的繁榮

過度的消費，隨之而來的就是令人痛苦的債務；
以債養債的運作結果，終有破滅的一天。
繁榮有如流星一樣，快速地隕落。

股市財源滾滾

股市裡人氣沸騰，一夕致富的歡呼此起彼落，為了獲取財富，大家爭相將手中資金投入股市，股票價格一路扶搖直上。

隨著商品產量的快速增加，美國民眾得到充分就業的機會，多數民眾得到比過去更多的工作報酬，也享受到繁榮所帶來的富裕生活。到處充滿歡樂的氣氛，美國人樂於工作也樂於享受。美國街道上隨處可見科學發明的新商品，摩托車、電冰箱、收音機與亮眼的高級汽車等。人們毫不遲疑地將所賺到的金錢再度揮霍出去，財富是如此容易獲得，在消費的支出上也就顯得絲毫不手軟。

在大量廣告的刺激下，潮流商品成為時下人們競相追逐的目標。商人們利用各種行銷的手段，讓人們感到流行的壓力，跟不上潮流甚至令人們感到羞愧。為了追逐流行，人們花大把的鈔票去購買最新穎的商品，有時甚至不惜舉債也要購買這些流行商品。超額的支出已經顯示出過度消費的預兆，個人債務正在這樣的消費情境下快速累積。國家的政策傾向於寬鬆的貨幣政策，他們並不認為這樣的消費型態會帶來嚴重的經濟風險。

如同在每個經濟繁榮時期都會發生的事情一樣，當人們的所得剩餘持續增加時，就會興起一波波的投機熱潮。在每個不同的時空背景下，卻總是發生同樣的現象。就像在一六三六年的荷蘭，那時並沒有像現在一樣的股票市場，可以供由人們進行炒作。不過，荷蘭商人卻在鬱金香上大作文章，不斷地拉抬鬱金香的商品價格。這一項商品的市場牌價，每天都吸引許多荷蘭人的競相投入。

荷蘭商人繼續吹噓品種的稀有，以及未來的大好市場前景等虛構的夢想，使鬱金香的價格不斷地被炒高。鬱金香大受人們歡迎的風氣，從阿姆斯特丹一直傳遍了整個荷蘭。荷蘭各地民眾紛紛向農人採購鬱金香，鬱金香的需求量持續暴增。許多人一擲千金，就只為了換取一個高級品種的球根。許多交易鬱金香者，在短時間內致富的傳言開始在荷蘭各地蔓延開來，並吸引許多新的交易者進入這個交易市場淘金。為了應付規模日漸龐大的鬱金香交易市場，市場的交易模式也開始有了新的轉變。原本只在冬天交易的鬱金香市場，變成全年交易的型態，並且開始以期貨來進行鬱金香的交易。

當鬱金香交易可以在一天之內有百分之五十以上的利潤時，所有人都開始變得瘋狂起來，就連神職人員也開始進場交易鬱金香。價格很快地攀升到極不合理的地步，在最瘋狂的時候，較為罕見的鬱金香，一朵的價格甚至可以買下一棟房子。

然而，這一切都變化的太快，正當大家還在引頸企盼價格繼續上漲時。在一六三七年二月，鬱金香價格突然像自由落體一樣直線下掉，眾多交易者一瞬間從天堂墜落到地獄，人人驚慌失措不計價地拋售。鬱金香的市場需求一下子全部消失不見，鬱金香價格瞬間暴跌，價格甚至不到原來的百分之一。帳面上的巨額利潤，一夕之間化為烏有；一些借錢進來投資的人，瞬間背上巨額債務。鬱金香的狂熱，就像一陣風一樣又突然消失無蹤。

同樣的投機行為此時卻開始在美國上演，經濟的繁榮使大家手中擁有不少閒錢。看到股票持續上漲，投入股市者都獲得了巨額的財富，大大激勵了過去從未參與股市交易的新投資者。一九二〇年，美國原只有約三萬名的股票經紀人，在幾年的時間內，經紀人的數目已經成長至十萬人以上。人們的焦點開始轉移到股票市場中，財經雜誌與財經報紙變成商店裡銷路最好的商品之一。股票市場中，到處流傳著明牌的耳語，家庭主婦相互熱烈討論的，不是今晚該煮什麼晚餐才好，而是到處向街坊鄰居打聽，該買哪一支股票才容易賺錢。

收音機裡隨時可聽見股票分析，正不斷地評論著當日股市的走勢與變化。各種新式的股票理論開始大行其道，如何在股票市場獲利成為當時最流行的話題，一些在股票投機者到處吹噓在股市中的獲利是如何的豐厚，並引來許多剛加入股市的新手詢問。

在那個時期沒有參與股票投資的人被視為傻瓜，投資代表美好的未來，一次好投資可以帶來數倍，甚至數十倍的利潤。投資專家不斷地在市場上宣傳，如果將一萬美元投資於績優股，並讓紅利和股票不斷地積累，那麼十年後他至少可以擁有二十萬美元，那麼未來的生活將會是無限美好。

這樣的言論充斥在整個股票市場裡，人人都被這龐大的投資利益所吸引著。然而，這一切還不夠，不但銀行信貸盛行，甚至私人也紛紛拿出自有資金，借款給想增加投資的投資者。許多投資者將自身擁有的所有資產都投入到股票市場中，也有許多人向銀行以融資的方式來增加股票投資的金額。透過私人銀行，甚至可以用四分之一的本金來進行投資。股票市場中所有的人都想以小搏大一夕致富，讓自己手中的財富迅速增加。

幾乎整個二〇年代末期，上至政府官員，下至家庭主婦，都沉浸在「一夜暴富」的夢想裡，大筆的資金不斷湧入股票和房地產市場，並帶動一波又一波的股票與房地產價格的上漲。道瓊工業指數持續創下新高，在一九二六年時的股價指數僅只有一百二十點，在一九二七年已突破了二百點，到了一九二八年更超過了三百點大關。

一九二九年，股市仍一路攀升，眾人無不期盼隨時而來的暴富機會。一九二九年九月，道瓊指數終於來到歷史的最高點——三百六十三點，在這幾年間，指數平均每年以百分之二十二的幅度增長。雖然指數增長幅度驚人，然而一般公司的獲利成長，卻無法像股市一樣迅速成長。股票價格的反應早已遠超過企業實際的獲利情況。

天下沒有白吃的午餐，高額利潤的背後隱藏著驚人的風險。人類可以說是容易受情緒影響的動物，縱使受過十數年的教育過程，仍無法擺脫環境帶來的情緒感染。過度歡樂的氣氛，容易使人忘記背後的潛在風險，不少人將畢生積蓄投入股市，部分人甚至還向銀行大量借貸。這些舉動與行為，無疑給穩定的經濟運作，帶來致命性的災難。

最黑暗的一天

一九二九年的股票市場與現今的股票市場一樣，都是以股價／每股盈餘（EPS）來作為股價是否合理的衡量方式。這個倍數一路從十倍一直到五十倍甚至百倍，仍有人不斷地加入投資。投資者買股的成本不只是企業未來幾年的收益，更包括了數十年後的企業收益。因為他們相信只要經濟情況夠好，這些企業還會有更高的獲利空間。加上美國聯邦政府大量回收政府債券，向市場釋出資金，更刺激了股票市場的投資熱潮。

為了應付龐大的投資需求，銀行、工業與公用事業無不卯足全力加印股票，到一九二九年止，短短數年內，股票發行量從四億多股暴增至十億股以上。股票發行公司眼見交易熱絡，無不想趁此大撈一筆。證券發行量不斷地創下新高，這些新發行的股票同時也不斷換走股票市場內的資金。股票市場裡的投資者手上擁有的不是現金，而是滿滿的股票。這些過量的股票，最後將變成促使證券市場暴跌的殺手。

正當投資者歡欣鼓舞之際，令人意想不到的事情卻突然發生。十月二十四日，紐約股票市場突然崩盤，股票價格以自由落體的速度，快速向下滑落。盤面瞬間殺聲隆隆，投資者瘋狂地大量拋售股票。十月二十九日，股票市場崩跌的氣氛達到最高峰，投資者將手中的股票全數拋出，數百萬股丟入市場拋售。到當日收盤時，成交股數超過一千萬股，股價指數下跌超過百分之十，在一週內美國投資者已失去超過一百億美元的財富。

過去過度發行的股票，在此時對股票市場發揮了巨大的影響力。為數眾多的股票從投資者手中傾瀉而出，龐大賣壓迅速蓋過市場中稀稀落落的買盤。這些投資者因害怕暴跌的損失，持續向市場中拋售持股，市場抵不過賣壓，股票價格直線滑落。到了十一月中旬，紐約股票價格已下滑百分之四十以上，股票持有者的損失高達二百六十億美元，相當於美國在第一次世界大戰中的總支出，過去辛苦工作所累積的財富瞬間化為烏有。

一九二九年以前，美國股市有如發狂的野牛一路狂奔，海外資金也源源不斷地從海外湧入美國。英國政府眼見英國國內資金不斷地外流，為防止資金與黃金的流失，英國中央銀行因而將銀行重貼現率與利率提高了百分之六點五，以吸引資金回流。倫敦銀行業又從紐約股票市場中撤出數億美元資金，間接引發美國股市大幅下跌。

在這期間，美國股票市場的漲幅，早已遠超過美國公司未來的成長前景。美國民眾並不理會這些不合理的現象，繼續加碼買進股票。由資金所堆砌出來的股票價格，終於在資金抽離後崩潰。美國鋼鐵公司的股票價格，從二百六十美元跌到只剩下二十美元，而通用汽車公司的股票價格也從七十美元掉到剩下十美元，所有的股票持有者無不遭受巨大的投資損失。

早在一九二九年初，美國聯邦準備理事會已經意識到，投機氣氛的高漲將不利經濟的正常運作，於是開始調高銀行的貼現利率，並同時將股票的融資保證金成數從四成調升至五成（過去每一百元的股票可借六十元，現在變成只能借五十元）。然而，這些舉措卻無法冷卻已經滾燙的爐灶，投資者仍不顧一切地將大筆資金投入股票市場。龐大的資金需求，也使得貸款利率不斷向上攀高，貸款利息此時已經高達百分之二十，但仍有投資者還在尋求任何可增加借貸的機會，一些擁有雄厚資金的金主們，也樂於在此時提供資金給這些缺乏風險意識的投資者。一直到美國股市崩盤為止，市場中始終不缺乏資金的提供者。

然而，爬得越高就摔得越重，股票市場受到資金大量進場而不斷推高，最後也因資金的退場而重重地摔落下來。這些股票融資者，最後都因股票的崩跌而還不出錢。提供資金的金主們，最終也只能接下這些價值所剩無幾的股票，作為最後的補償。可能有人始終想不通，為何好端端的股市，竟然會在一夕之間就突然豬羊變色。股市的反覆無常，正如大海中的天候一樣詭譎多變。

無可避免的大蕭條

經濟繁榮的背後竟然跟隨著持續十年之久的蕭條。不禁有人想問，如果沒有經濟榮景，是不是就不會出現蕭條！

過去從未有人預料到，這次經濟衰退的情況會是如此的嚴重。這場持續十年的「大蕭條」，比以往任何一次的經濟衰退所造成的影響都要深遠許多。在最初的三年內，有五千家銀行倒閉，超過十萬家以上的企業倒閉。鋼鐵工業的產能僅達繁榮時期的百分之十二生產運轉，汽車工業的生產量也下降了百分之九十以上。通用汽車的產量從一九二九年的五百萬輛，一直下降到一九三一年的二百五十萬輛。

商品消費大量萎縮，物價指數直線下跌，企業重新招募的員工皆用比過去更低的薪水來聘用。由於工作職缺供需極度不平衡，求職者為求溫飽，不得不接受非常低的薪資條件。在一九二九至一九三三年這幾年的時間裡，勞動薪資幾乎與商品價格同步下滑。商品價格在四年內僅剩下過去的一半價格，而薪水也是同樣只剩下原來的一半。雖然商品價格的下降，有助於貨幣購買力的提升，不過薪資的降幅也同樣快速，勞工階級根本無法享受到因物價下降所帶來的任何好處。

工資下降的情況，在一九二九年美國股市崩跌初期並不十分明顯。然而，隨著商品消費的持續減少，與工廠商品產出量的急速銳減，二年內商品產出減少百分之五十以上。勞動力過剩的情況不斷惡化，工人的薪資從一九三一年開始，呈現急速下滑的走勢，高薪的員工不斷地被新進低薪的員工所取代，招募薪資持續往下調整。到了一九三三年，個人薪資所得已較過去減少了百分之五十以上。

一九二九年十月，美國爆發金融危機，隨後歐洲其他各國也陸續陷入經濟危機。大蕭條不但影響了美國，也影響了全世界的經濟。由於經濟大幅衰退，美國金融業開始收回在國外的短期借款。過去長期受到美國金融機構資助的銀行，面臨被抽銀根的嚴重危機，到了一九三一年五月，歐洲幾個重要的銀行，如奧地利最大的銀行——奧地利信貸銀行與德國的丹納特銀行等，相繼宣布破產。歐洲重要銀行的陸續倒閉，開始在歐洲大陸引起民眾的恐慌。之後，德國政府命令所有的銀行開始放假，柏林證券交易所也關閉了兩個月之久。從九月開始，歐洲國家陸續放棄金本位制，兩年後，美國也跟著放棄金本位制。

比起西歐國家，東歐國家資本緊缺的情況顯得更為嚴重。過去十分仰賴國外資金供應的東歐國家，在這波危機中遭受到前所未有的打擊。像匈牙利或是南斯拉夫這樣的國家，在一九二九年以前，絕大部分的進口支出皆需靠外國的借款來支撐。這些國家在花去大半的進口支出與利息繳納後，僅剩下少得可憐的資金來發展國內的工業。在這種惡性循環下，債務累積十分迅速。到最後，已經演變成不斷地借新債還舊債的痛苦循環。

從一九三一年開始，東歐國家資本流出的情況十分嚴重，出口收益的減少與資金流出的缺口越來越大。當地企業因缺乏資金而相繼倒閉，工業產值在一九三二年僅剩下高峰值的三分之一。美國與西歐國家的銀行為了自救，將投資於全球的資金大量抽回。國際資本市場基本上已毫無流動性可言，東歐國家的資本幾乎已經到達枯竭的地步。沒有資金的來源，則無法向外購買生產原料。缺乏原料的結果，導致生產的停頓與失業人口的暴增。民眾因無法忍受長期失業的痛苦，紛紛走上街頭抗議，東歐地區的治安經常出現騷動的狀況，社會氣氛極度不安。

銀行抽銀根的動作使得國際市場出現嚴重的資本短缺，所有工業化國家的企業都受到了普遍性的影響。消費的緊縮使國家經濟出現重大問題，缺乏消費的市場，帶給生產廠商重大的打擊，工廠關閉成為家常便飯的新聞。經濟衰退之後，緊接著就是大規模的失業潮。在一九三二年，美國的失業人口達到了一千三百多萬，英國三百萬，德國也有五、六百萬人失業，失業率在這些國家高達百分之二十至百分之三十。幾乎每一個依賴外資與出口為主的新興國家，都出現了嚴重的經濟衰退，資金大量從這些國家中流出，出口幾近呈現停頓狀態。在大蕭條期間，世界的財富損失高達三千億美元以上。

經濟衰退的跡象同樣反應在國際貿易上面。由於全球消費極度萎縮，在大蕭條的影響下，世界國際貿易也急劇衰退。為了報復美國的不合理關稅，以及保護國內市場的占有，幾乎所有工業大國皆同時採用高額關稅稅率與進口配額措施。

這些制度大大影響商品的流通與國際貿易的進行。世界貿易量從一九二九年的六百八十億美元，一直下滑到一九三三年的二百五十億美元，全球貿易衰退近三分之二的幅度。貿易的衰退使各國商品無法順利出口，商品供過於求的情況十分嚴重，商品價格的暴跌則反應了商品過剩的情況。各類商品價格降幅從百分之三十至百分之七十不等，商品收益無法應付日常支出的企業開始大量倒閉，商品產量也跟著急速下降。

世界貿易的停頓，使全球主要工業國家的工業產值開始出現大幅度的衰退，美國與法國出現了百分之五十以上的降幅，而英國、德國與義大利等國也出現了百分之三十至百分之四十的衰退幅度。出口的衰退給產業帶來災難性的破壞，商品賣不出去，廠商只能減產因應。現金流量不足的廠商，因無法以銷售商品來換取足夠的現金，在入不敷出的情況下，只能被迫宣布倒閉，所有的行業都無一倖免，差別只在於倒閉數量的多寡而已。

一九三三年，美國的工業總產值與國民收入暴跌一半以上，商品價格下滑超過三分之一，海外商品貿易下降三分之二以上。消費突然間全面消失，工廠因商品銷售不出去而倒閉，失業人數開始激增，失業人口占全國勞工總數四分之一。

從一九二九年十月的暴跌開始，到最低點一九三三年七月為止，以股價計算的總市值有六分之五消失不見，總共跌掉了七百多億美元。隨著指數的下跌，消費開始全面緊縮，工廠紛紛倒閉，其他一息尚存的企業也紛紛裁員因應。到一九三三年為止，總計一千三百多萬人失業，平均每年增加的失業人數為三百萬人左右。在一九三四年底，總計有一千七百多萬人接受美國政府的救濟。

失業率的激增與薪資所得大幅度下降，使越來越多的人還不出貸款，成為銀行的違約戶。違約戶大量出現，更使一些資本額較小的銀行因周轉不靈而倒閉。一九三〇年至一九三三年這四年之間，美國每年約有一千五百家的銀行因缺乏資金而倒閉。大蕭條使成千上萬的美國人成為無家可歸的流浪漢，也使千萬個家庭，生活陷入困境，這些現象在過去都是絕無僅有的。

迷信經濟理論的胡佛政府

胡佛始終相信經濟理論可以解決美國當前的問題，但是錯誤地理解經濟理論，卻使經濟問題更加嚴重。

由股市崩盤所引起的經濟大蕭條，是美國有史以來最為嚴重的一次蕭條。過去始終強調自由市場主義的美國政府，也不得不改變以往的態度，轉而聽從其他經濟學者的建議，實行干預政策。以往美國政府遇到景氣蕭條時的態度，通常是放任不加干涉的，任由其自行回復。然而，這次不景氣的影響與範圍實在太大，美國政府顧不得過去始終強調自由市場的形象，試圖以強而有力的經濟干預手段，來挽救直線下滑的經濟衰退。

美國胡佛總統親眼見到因自由放任政策，導致巨大經濟災難的發生。這使得過去一直標榜自由經濟的美國政府，開始重新思考，政府對經濟是否應該採取某些必要的措施，以維持正常的經濟運作。一九二九年十月，華爾街股市的暴跌，使美國經濟瀕臨崩潰。胡佛緊急召集重要財經官員，以及工商團體代表來參加會議，會中達成了幾項重要的共識，其中最重要解救經濟的方向，就是減稅措施與擴大公共工程支出。

很顯然的，胡佛政府相信透過政府的擴大支出，可以增加市場貨幣的供應，並改善民間消費力不足的情況。因此，胡佛不斷公開呼籲各州政府增加公共建設的規模，來增加經濟的活絡。美國國會也快速通過各種公共工程預算，並充分授權胡佛政府使用與撥付這些預算。

基於降低稅收將有助於民間消費這樣的信念下，減稅是他們挽救經濟頹勢的另一項重要政策。減稅雖然可以提高個人的可支配所得，不過由於薪資分配極為不均，一般人根本沒有多少所得剩餘，由減稅所增加出來的部分也是少得可憐。如此一來，減稅對消費支出的幫助自是相當的少，可以說效果十分有限。

胡佛政府並未充分考慮到，在政府財政收入上已經十分吃緊的情況下，再實行減稅方案，將會使政府出現嚴重的財政困境。幾年內，大幅度地增加公共建設支出，已經讓原有的財政支出大為增加。現在又加上減稅措施，使財政收入進一步地大量減少。在這樣收支差距不斷擴大的情況下，一九三一年的美國財政開始出現巨額的赤字。這些減稅措施，卻因為財政赤字不斷地擴大，不得不在兩年後再度恢復增稅，來挽救日漸困難的財政運作。

由於農民團體代表在美國國會中仍占有舉足輕重的地位，而農業人口在當時仍占全美約二分之一的人口總數，美國的經濟政策不得不考慮到農民的利益。美國農民在二十世紀二〇年代美國經濟高速起飛的時刻，並未真正享受到經濟成長所帶來的利益，因為農產品價格始終未能跟上通貨膨脹的腳步。農民不但無法從農產品中獲取利潤，反而深受經濟成長之害。因為經濟成長造成農業生產成本的提高，再加上貸款利息的增加，經濟成長反而變成農民破產的直接因素。

為了平息農民對政府積怨已久的憤怒，以及回應國會中農民代表們的訴求。經過國會同意，美國政府採取了一項農產品價格的平準措施。政府成立農產品收購公司，透過收購的方式來購買市場中過剩的農產品，藉以維持農產品的價格。透過這種方式，幾年內農產品價格皆能維持在世界農產價格的水準之上。不過這種方式，形同政府拿納稅人的錢去補貼農民，雖然農產品因此而獲得較好的銷售價格，但最後卻也使得這些農產收購公司虧損連連。

銀行與各式大型企業因資金短缺而面臨破產或倒閉的命運，經濟局勢變得非常惡劣。胡佛政府為解決市場資金嚴重緊縮的情況，於一九三一年設立了緊急貸款公司，專門貸款給急需資金周轉的企業。這個公司資金主要放貸的對象以金融業為主，避免銀行因周轉不靈而發生一連串的金融危機。另外，胡佛也對無法繳納房貸與農業貸款者提供資金援助，藉以減緩銀行在資金回收上的壓力。這些措施在經濟危機最緊張的時刻，有效紓緩了這種資金緊張的局面。然而，經濟的根源問題如果一天沒有獲得解決，景氣低迷不振的現象也就會一直拖延下去。

胡佛村與胡佛毯

胡佛總統並非沒有對經濟採取相應的政策，只是這些措施沒有發揮預期的效果，導致美國經濟依舊低迷不振。危機一開始，胡佛讓美聯儲大幅調降基準利率，並發行二十億美元政府公債，進行大規模的政府投資，總經費達二億美元的胡佛大壩，就是在那個時期興建的。胡佛也試圖影響資方，在白宮召見工商業界的領袖，試圖說服他們繼續僱用勞工，並維持一定的薪資。但是，胡佛的擴張財政政策似乎沒有發揮應有的效果。因為他簽署的關稅保護法案，對進口產品徵收百分之五十的關稅，結果引起歐洲各國的同等對待，反使美國出口嚴重衰退。美國經濟蕭條的情況日益嚴重，胡佛成為失敗執政者的代名詞。

全美國的民眾越來越無法忍受，經濟惡化的程度使民眾鼓躁不安，民間開始議論起胡佛的不是，有人說胡佛因舉辦救濟事業而發財；還有的人說連狗看到胡佛都會主動地跑開。紐約人因失業而被銀行趕離自己的住宅，大量的房屋被查封法拍。沒地方住的紐約人，開始用破鐵罐、紙板和粗麻布搭起帳棚，並形成一個個的帳棚聚落，民眾諷刺地稱之為「胡佛村」，光是紐約市曼哈頓地區就有兩個數萬人的胡佛村。失業民眾手中裝著拾荒物的手提袋則被稱為「胡佛袋」；在北卡羅萊納州，部分鄉下民眾把破舊的汽車前面鋸掉，讓骨瘦如柴的騾子拖著車子，這樣的車子被叫作「胡佛車」；沒地方可去，只能在公園長凳上過夜的人們，用來裹身取暖的舊報紙，叫作「胡佛毯」；被飢餓農民抓來的野兔則被叫作「胡佛豬」。

胡佛的救經濟措施規模並非不夠大，但是為什麼收到的成效卻是這麼差？那是因為胡佛的政策，根本沒有針對重點部分落實。二十世紀的二〇年代，是美國製造業發展最迅速的時期。雖然英國一直占世界進出口總量的第一位，但到了二十世紀初，美國出口總量增長百分之百，德國增長了百分之四十二，英國卻只增長不到百分之十。到了一九二九年，美國出口總額超過五十億美元，高過了英國的四十五億美元。但是，美國必須倚賴自由貿易來維持出口的增長，結果胡佛卻選擇貿易保護主義來保護國內產業，最後保護主義的飛鏢回過頭來射向美國，嚴重打擊到美國的出口產業。一九三二年，美國出口衰退高達百分之七十，遠超過世界貿易量下滑百分之五十的平均水準。

另一方面，胡佛擴張性的財政政策，主要集中在一些人力需求不高的公共建設上。這些投資對解決龐大的失業問題，以及缺乏收入來源的人們，顯然效益不大。這使胡佛的政策與現實環境的情況南轅北轍。當時許多經濟專家指出，高達四分之一的失業率和過大的貧富差距，是造成美國消費力持續減弱的主要原因，而美國的鋼鐵只有百分之十五，汽車業開工率只剩下百分之五。美國這個時期需要增加的並不是已經過剩的生產能力，而是那些需要經常購買日常用品的一般民眾的消費能力，好讓過剩的商品能夠順利地賣出去。在這些階段缺乏的並不是新的科技技術與新興產業，而是廣大民眾的消費能力。顯然地，胡佛的政策並未能針對如何提高民眾的所得剩餘來做努力，以至於這些政策的支出都付諸流水。

FOUR

重現生機

等待黑夜的過程總是漫長又難熬，
隨著寒冷的冬天過去，
期待已久的春天終於又再度降臨。
十年的大蕭條使美國人失去自信，
二戰爆發後的訂單湧入，
使美國經濟再度恢復活絡。

羅斯福力挽狂瀾

羅斯福政府改變過去傳統只拯救銀行與企業的做法，改以直接救助和提供工作的方式，來解決民眾找不到工作、面臨無法生存的危機。

胡佛政府在經濟危機問題上的處理，很顯然沒有收到預期的成效。金融問題層出不窮，經濟環境持續惡化，這些都是導致胡佛的民意支持率始終不高的原因。多數民眾甚至已經認為，胡佛政府的政策根本是病急亂投醫。除了一些緩和經濟惡化的措施外，胡佛政府絲毫拿不出徹底解決經濟蕭條的辦法。

由於經濟仍在惡化當中，失業問題非常嚴重，平均每四個人就有一個人失業。半數以上的商家因顧客不上門而關門大吉，商品也因銷售量銳減而大幅降價求售。美國出口貿易更是一蹶不振，百分之七十以上的出口貿易量消失不見。美國國內信貸更是面臨崩潰邊緣，數千家銀行倒閉，大量債務被迫延後支付。全美各州政府債台高築，根本無力償還債務，許多州政府宣布延後償還債務。到了一九三三年，許多重要的銀行相繼倒閉，金融交易市場數次被迫暫時關閉，金融崩潰危機一觸即發。

種種情況都使得美國民眾對於胡佛政府失去耐性，紛紛轉向提出實施新政的羅斯福。選舉投票後，羅斯福大獲全勝，取得民主黨過去未曾擁有的勝利，行政權與立法權也第一次同時落在民主黨手中。這樣的局面，更有利羅斯福在施政上能夠大刀闊斧地進行。

經濟危機讓民主黨候選人羅斯福，在一九三二年順利當選總統。羅斯福上任後，對美國經濟開始採取一連串重要的變革。一九三三年初，羅斯福開始整頓金融行業與修改制度，鼓勵民眾儲蓄，並推動多項有利於經濟發展的法案。為了有效減少失業率，羅斯福推動多項重大的公共建設，用工作取代發放救濟金的方式，來增加就業機會。儘管透過這些積極的經濟干預措施，並未能徹底改善失業率和經濟問題，但這些計畫仍略微改善經濟惡化的情況。

羅斯福新政的三個核心（3R）是：救濟（Relief）、恢復（Recovery）與改革（Reform）。這些政策並非只是為了應付危機而實施的，而是為了確保資本主義制度能夠穩定發展的重要措施。新政實施的對象，主要有三個方面，即針對金融、工業與農業來著手進行改革。救濟就是要把國家從蕭條中解救出來，並讓失業者得到幫助，得到工作機會。恢復即是使各行各業回歸到正常的運作，並使金融體系回復穩定。改革則是改善金融制度與自由經濟的缺陷，平衡所得分配，以及讓各行業均衡發展。這些方向終將引導美國經濟走向復甦之路。

全面金融管制

為了防止金融體系持續惡化，美國政府不得不採取極端的措施，包括管制金融以及停止黃金的兌換。

美國在穩定金融方面，一九三三年三月九日美國國會通過《緊急銀行法案》，由國會授權總統擁有管制信貸、黃金、白銀與外匯的權力，總統此時在金融上的控制權是前所未有的。隨後羅斯福宣布全國銀行先暫時停止業務，避免民眾因恐懼而過度向銀行提領存款所引發的全面混亂。另外，美國政府亦同時宣布全國銀行暫緩延後債務的支付，以及實施黃金禁運的政策，以確保美國國內資金不會外流。

對於有償付能力的銀行，發給營業許可執照，使其恢復正常營運。有償付問題或資金流動問題的金融機構，則指派監管人員進駐，並進行銀行內部調整。羅斯福亦透過胡佛政府時期所成立的緊急貸款公司，以購買股份或抵押的方式，融資給這些營運出現問題的金融機構。

三月十三日，全美多數銀行陸續取得營業執照，開始恢復營業。美國政府更公開宣示保障存款戶在銀行裡的存款，使存款戶再度恢復信心，並重新將手中的貨幣存入銀行裡。六月十六日美國國會通過了《一九三三年銀行法》，建立聯邦儲備體系，用以穩定銀行體系與保障存款戶的存款。這些措施使民眾對銀行的信用再度恢復信心，不到一年的時間，銀行裡的存款又重新流入了二十億美元。

為了更有效地恢復民眾對銀行的信任，以及使存款有進一步的保障。美國政府設立了聯邦存款保險公司，以提供存款保險的方式，來保障民眾的資金安全。新的銀行法規定所有聯邦儲備銀行裡的會員銀行，都必須參加存款保險。存保機制的實施，使民眾對於存款有更多的信心，也比較不會一有風吹草動，就爭先恐後地要將存款從銀行提領出來。

另一方面，透過保險費率的機制，迫使銀行謹慎控管放款業務的對象，以免因壞帳過高而大幅增加保險費用的支出。過去銀行運作制度的缺陷，在經濟蕭條的時刻展露無遺。存保機制大大補強了銀行機制的缺陷，降低銀行擠兌現象發生的機會。

由於先前全面性的通貨緊縮，絕大部分是來自於金融體系的運作出了問題所導致，銀行不肯放款是資金全面緊縮最重要的原因。在大部分金融機構重新恢復穩定後，美國政府便開始要求銀行擴大信貸規模，讓企業與個人能夠得到銀行充分的資金融通，以使經濟重新回復活絡。

一九三三年五月，美國政府要求聯邦儲備銀行將信貸規模放大至三十億美元，各會員銀行開始對農業、工商業與個人恢復放貸。緊急貸款公司根據一九三四年的工商貸款法案，對工商業中有資金周轉困難的企業大量放款，放款總金額高達六億美元。

另外，為了重新活絡不動產，政府向銀行提供了債券擔保，只要在二萬美元以下的房屋放款，銀行都能從中獲得政府的債務保障。如此一來，個人便能從房屋獲得再融資的機會，解決了個人信用不足的問題。這項擔保措施，使美國多達百萬戶的屋主獲得了再融資的資金。房地產也在這項措施實施不久後價格回穩，房地產交易市場重新活絡起來。

為了防止因資金湧入與撤出引發股市的劇烈波動，以及可能帶來的嚴重後果，新銀行法明令聯邦儲備銀行下的各會員銀行，禁止對有價證券進行融資。不論是海外證券或是美國本土的證券，皆在新銀行法的禁止範圍內。這種對有價證券進行融資的行為，已被美國當局視為毒蛇猛獸，一些先前吃過大虧的銀行，也對此種融資業務敬謝不敏。

一九二九年的股市崩盤，所帶來一連串經濟崩潰的印象實在太過深刻，為了避免類似的危機再度發生，並有效控制與管理證券交易，美國國會通過了證券交易法，並根據此法成立證券交易委員會來加以監督與控管。證券交易法主要對股票發行公司的行為，與市場訊息提供者進行了種種的規範。雖然證券交易法受到一些財團極大的阻力，但為了全體社會的利益著想，這項法案最終仍被美國國會通過實施。上述所有的措施，其最終目的都只有一個，那就是拯救金融保住資產。但是這些舉措從根本上來說，卻仍只是治標不治本的措施。

廢除金本位

為了保住不斷流失的黃金，羅斯福政府最後只能廢除金本位制。

羅斯福上任不久後，便發現美國黃金流失的情況相當嚴重，歐洲國家大量將手中的美元換成黃金運回國內。為防止黃金儲備大量流失，而造成貨幣體制的紊亂，羅斯福於一九三三年四月宣布黃金禁運政策，同時禁止民間囤積黃金，也取消了用黃金支付債務的相關法律。民眾普遍預期金本位制即將被廢除，物價在此時略有回升的跡象。

隨後，羅斯福開始向市場收購黃金，黃金價格從每盎司二十美元，上漲至每盎司三十五美元。但是黃金價格的上漲，卻是美國政府為將來的美元貶值所預做的準備。美國政府以購買黃金的方式，將大量的美元釋出到市場中。然而大量美元的釋出，卻沒有造成預期般的物價上漲，物價上漲的幅度相當有限。為防止購買回來的黃金再次被兌換出去，羅斯福在一九三三年底宣布廢除金本位制，從此以後美元已無法再向美國政府自由兌換成黃金。

為了擁有更多的貨幣控制權，他要求國會通過授權，讓總統可以對美元的含金量進行調整。羅斯福取得國會授權後，宣布美元含金量以一九〇〇年美元兌黃金的價格作為基準，在此基準下向下調整約百分之四十的幅度，也就是美元含金量下降了百分之四十。

美元含金量下降百分之四十，象徵美國政府可以再額外發行百分之四十的美元，美國政府等於平白獲得百分之四十的財富。如果這些額外發行的美元，完全流通到市場中，額外發行的美元就會引發物價的上漲。這也是某些經濟學者認為可以提高物價的可行辦法。然而，物價並未因美元價值的貶值而出現等幅百分之四十的上漲，物價最終也只上揚了百分之二十左右。

貨幣的大量釋出，雖然能造成一定程度的物價上漲。不過，貨幣的流向卻不見得如這些學者和政府所想像的那樣全數流入商品市場，大部分的貨幣則再度流到了富人手中。羅斯福政府只考慮了貨幣發行數量的問題，卻忽略了貨幣在流通過程中的問題，以至於使貨幣釋出效果大打折扣。

農業減產措施

為了避免農產品的供給過剩破壞市場行情，羅斯福開始推出減產優惠措施，讓農民自發地降低農產品生產量。

在二十世紀二〇年代的繁榮過程中，完全沒有從繁榮中獲得任何好處的，就是廣大的美國農民。在當時，美國仍有一半的人口從事農業相關工作，農產品的價格非但沒有因繁榮而上漲，反而因產量的增加而一直在下降當中。其中最悲慘的情況，莫過於農民為了彌補農產品價格下滑所帶來的虧損，反而進一步地向銀行貸款購買農地與機具，試圖以加大產量來填補損失，結果造成農產嚴重過剩，使農產品價格下滑的速度更快。

雖然農產品價格在整個二〇年代並非是一直維持下滑的，其中也有部分時間稍微止跌回升。但總體來說，農產品價格的下跌趨勢並未有過太大的改變。農民面對這種情況相當地苦惱，不斷透過農民代表在國會上要求援助農民。為了讓農民的收入回到過去的水準，事實上美國國會在當時也通過了一些法案，來穩定農產品價格。不過，美國政府用收購的方式來抑制農產品價格的下跌，說穿了就是拿美國納稅人的錢去補貼價格上的損失。

美國股市崩盤後，農產品下跌的情況更加嚴重。不少農場主因虧損嚴重而紛紛破產，鄉村銀行也受到牽連跟著倒閉。在大蕭條時期，倒閉的銀行有一半以上是鄉村銀行。美國政府眼見農業經濟瀕臨崩潰邊緣，開始著手改革農業政策與整頓農業金融。一九三三年美國國會通過農業救濟法案，以保證收購的方式，來誘使農民放棄部分耕種。假如農民減少百分之三十的耕種面積，政府就會保證收購百分之三十的產量，農民可自由選擇將這百分之三十的產量賣給政府，或是賣到市場上。

其次，對於未耕作的土地，政府也會給予一定金額的補償。這些措施使農民不再執著於以增加產量來彌補收入的減少，而是以適當的減少產量，來獲得政府的收購保證或是補貼。這麼一來，農民便不會為了增加收入而不斷增產，導致因整個市場的農產品供應量過多而產生的價格崩跌。

這種使農民主動減產的措施，在當時受到不少人攻擊和批評。其中的原因在於已有不少人處於飢餓狀態，政府竟然還想辦法要農民減少農作物的生產，這簡直是一種近似瘋狂的舉措。然而，這些批評者卻沒有考慮到，處於飢餓狀態的人們，並非因為缺乏糧食所造成，而是因為失業沒有工作收入，才會使他們無法購買足夠的食物。

農業的減產從主要作物小麥、玉米與棉花開始，一直擴及到絕大部分的農作物。政府有計畫地讓農民休耕了約一千萬英畝的棉田，收購了幾千萬頭畜牧動物如豬、牛、羊等。由於各項農產品產量開始下降，改善了過去農民賤價出售的困境。加上突然發生的嚴重旱災，農產品價格開始有所回升。從一九三六年以後農業總收入增加了百分之五十，農產品價格也回升了約百分之三十。

另一方面，不少農場主因無力償還債務而宣告破產，使專門貸款給農民的鄉村銀行吃足了苦頭，從此對農民的貸款審核日趨嚴格。農民不但無法在農作物上面獲取利潤，更因信貸的緊縮使農民的經濟，陷入前所未有的艱難處境。為解決農業信貸緊縮的問題，美國國會授權聯邦土地銀行成立農業信貸基金，以低利的方式提供給有資金需求的農民。這項措施實施一年後，已放款了約二十億美元的資金給農民。農民過去借不到錢周轉的困境，在此時已獲得大幅度的改善。

不知是否為了選票的關係，農業改革在新政中占有十分重要的地位。這蕭條時期，農業這個行業顯然是特別受到關愛的，從各項補貼措施中就可以看出政府對農民的特別照顧。縱使像美國這樣高度工業化的國家，農業人口仍占全美相當大的比重。

美國政府無法不考慮農民們的利益，因此對挽救農業經濟來說，便成為美國政府的重要課題。這些農業改革措施實施以後，農民的生活也的確有了較大程度的改善，並且使羅斯福能夠在二度競選中獲得連任。

復興工業政策

出口大幅衰退，工業萎靡不振，為了振興工業，美國實施一連串的提振措施。

經濟蕭條使工商業普遍受到影響，商品無法順利銷售，庫存品堆積如山，大量工廠與商家持續倒閉，這種情景充斥在全美各地。一九三三年，羅斯福政府制定整頓工業的工業復興法案，其主要內容在於解除反托拉斯法中關於市場競爭的限制，以及增加公共工程支出，與修改勞動相關規定。

解除反托拉斯法限制的原因是希望藉由減少法令的干預，使企業增加投資規模的意願，以刺激經濟的活絡。政府擴大公共工程支出的用意，則在於藉由投資公共工程來向市場釋出貨幣，以加速貨幣的流通。然而，反托拉斯法限制的解除，卻是另一個不公平競爭的開端。弱小的企業在擁有龐大資源對手的競爭下，往往因無力對抗而不支倒地。當初反托拉斯法的通過，就是為了避免市場被壟斷影響到消費者的權益，現在羅斯福卻藉著舉起復興的大旗，再次打開壟斷競爭的大門。

過去企業強調利潤，卻不顧工人的利益，只給工人維持生活的微薄薪資。羅斯福公開向國會承認美國有三分之一的人口，正處於飢餓邊緣，許多人住在路邊臨時搭蓋的住所裡。美國政府有義務幫助這些貧困家庭脫離困境，羅斯福提到「我們要做的並非只是提供他們吃住而已，我們應該進一步讓所有的美國人都脫離低工資和貧困的生活水準」。不久之後，美國國會通過工資工時法，其中規定了每週四十小時的工時與每小時的最低工資，禁止僱用十六歲以下童工等。最低工資的規定，使美國勞工可以獲得最基本的生活保障。

任何政策的實施都一樣具有雙面刃，當你保護了其中一方的利益時，另一方的利益就可能面臨受損。雖然最低工時制的立意良善，不過多數工廠主卻認為政府干預了他們自主經營的權利。在效率的大旗下，自由經濟總是被學者們大肆鼓吹。然而，我們知道人性總是貪婪的，雖然企業經營的目的就是為了獲利，不過很多時候這些企業卻不管營運的好壞，只付給勞工最低基本生活工資（薪水只夠付房租與日常開支）。在這種情況下，這些勞工沒有多餘的所得剩餘，幾乎不可能會有富足的一天。所以自由與管制，我們終究需要取得一個平衡點，以維護經濟的正常運作。

全面實施救濟政策

在整個經濟蕭條的過程中，最可憐的莫過於那些平常薪資微薄，也無法存下什麼積蓄，並且背負大量債務的民眾。辛苦賺錢供養的房子，就在失去工作之後，全部的財富化為烏有。羅斯福新政裡重要的一個方向，就是讓這些民眾能夠脫離貧窮的循環。

新政中的一個重要主軸就是「救濟」。一九二九年以後，大量勞工失業，三餐與生活都出現問題。發放救濟金的同時，更重要的措施就是讓民眾擁有工作，以獲取足夠的財富去增加消費。羅斯福上任後不斷地將大筆資金投入在公共工程上面，希望藉由擴大政府開支的方式，來增加就業機會。另一方面，在政府救濟的實際措施上，明文規定具有工作能力的失業者，政府將不發放救濟金，而以政府提供工作機會的方式，讓這些民眾以勞動來換取工資。美國國會也通過失業保險與老年保險法案，讓民眾不至於因為失業，或是年老失去照顧而出現生活危機。

當時美國全國的失業人口眾多，有高達二千五百多萬的人口失業，失業者及其家庭經濟來源，全靠州、市各級政府以及私人慈善事業的救濟來維持生計。美國在一九三三年通過緊急救濟法案，並成立緊急救濟總署，專門處理民眾救濟上的問題。到一九三六年底，美國在緊急救濟上的支出已達到三十億美元。但救濟財源相對於美國龐大的失業家庭來說，仍是杯水車薪。

由於光靠救濟，無法解決失業所引發的經濟問題。羅斯福曾讓國會通過一項法案，授權總統可以成立地方養護隊，以維護地方設施、造路、防洪、造林等，來吸納地方上沒有工作的青年。第一批的養護隊總計招募了約二十五萬人。一直到一九四二年以前，美國先後共有將近二百多萬的青年，在這個地方養護隊中工作過，他們總共開墾了七百多萬畝的美國國有林地和國家公園。

美國政府就是以這樣的方式，來幫助失業無收入的民眾度過這段時期，平均工作期間約為九個月，臨時工作的工資成為當時生活收入的主要來源。美國政府透過這種方式，陸續發放了數十億美元的工資給在這些機構中工作的人。這樣也就等於政府把貨幣釋放到商品市場當中，民眾因工作收入而增加的消費力，轉換成活絡市場的動力來源。

除了地方養護隊外，美國政府還陸續成立了一些提供就業機會的構機，如公共工程總署、民用工程署與工程管理署等。這些機構陸續在美國辦理了十數萬個工程項目，包括橋樑、堤防、下水道系統、學校、公園、郵局，以及行政機關等公共建築物。這些工程先後提供了近千萬人的工作機會（約占全美失業人口的三分之一），使廣大的失業人口得到暫時喘息的機會。總計這些工程建設的支出高達數百億美元，這些支出最後也成為社會消費循環的動力。

沒過多久，美國政府又陸續設立了幾個新的工賑機構。其中最著名的，就是國會撥款五十億美元興辦的工程興辦署和專門針對青年人的全國青年總署，二者在此期間合計僱用人員高達二千三百萬人，占全美勞動力一半以上。到二戰前夕，聯邦政府支出的種種工程費用及數目較小的直接救濟費用，達到一百八十億美元，並藉此修築了機場、港口、學校與醫院，以及政府機構。不僅為一般勞動者提供了就業機會，還給成千上萬的失業者提供了各種形式的工作。這是目前為止，美國政府所實施過，規模最大的一次社會救濟計畫。這些救濟的錢流入勞動者的口袋，再經由不同的消費管道，又重新流入了消費市場，成為活絡經濟的主要動力來源。

羅斯福新政在救濟上的另一個重點，就是推動社會保障制度。從一九三五年開始，陸續通過各種社會保障法案，其中包括社會保險、全國勞資關係、公用事業等各式法案，從立法面來進一步保障基層民眾。羅斯福認為，若政府無法照顧到弱勢群體，如老者與病人等，並使有工作能力的人能夠充分就業，而讓這些民眾無法繼續生存下去的話，那麼這樣的政府就不能算是一個好的政府。就是基於這樣的信念，羅斯福強力推動社會保險法案，讓退休者能夠獲取足夠的金錢過活，並使失業者在一定期間內，擁有足夠的經濟來源以維持生計。這樣的保險制度設計，反應了當時廣大民眾的心聲，並受到美國絕大多數民眾的認同與讚許。

羅斯福總統實施新政的許多面向上，都是直接針對各種經濟問題來進行處理，這樣的做法實際上也獲得了一定的成效。新政的內容涉及層面相當廣，各式各樣經濟民生相關的措施都包括在內，其中多數是短期解決的措施，而一小部分則是從長遠發展的目標來做的規劃。這些措施使美國避免了經濟的直接崩潰，使經濟問題獲得有效的紓緩。

從一九三五年開始，美國所有的經濟指標都開始止跌回穩，國民生產總額從一九三五年的九百億美元，增加到一九三九年的二千億美元左右，總失業人數從一千八百萬下降至八百萬，整整降低了一千萬的失業人口。民眾對國家的信心也開始恢復，這使得極權主義無法在美國開展，也避免了社會激烈動盪的危機，並使美國的經濟在二次世界大戰中有了發展的新契機。

縱使羅斯福新政的最終目的，是為了讓資本主義的制度得以繼續延續下去。但我們不得不承認，這些措施的確幫助了許多民眾，讓他們能夠順利地生活下去。羅斯福把維持經濟的正常運行與保證就業，當成美國政府所應承擔的責任，當各種形式的工作機會不斷地從政府部門釋出時，因經濟不振而產生的大量失業問題，得以獲得短暫的紓緩，並刺激了美國經濟的復甦。許多在此期間建設的基礎設施，使美國未來的經濟發展獲益良多。為了防止美國乃至於全世界，再次發生大蕭條的情況，美國無法坐視德、日兩國恣意地占領周邊的國家。

當美國經濟再度受到侵略國家的干擾後，美國便迅速投入二次大戰，試圖解救遭受侵略的歐亞各國。一直到第二次世界大戰爆發時，美國仍約有百分之十五的勞工失業。此後，當美國海外的商品訂單與軍火訂單再次湧進美國工廠時，美國的失業問題馬上就獲得完全的解決，美國經濟蕭條的情況也在此時宣告終止。羅斯福成為自華盛頓與林肯以來，最受美國公民愛戴的總統之一。

大發戰爭財

戰爭使各國生產陷入停頓，美國又再一次獲得發財的機會。

一九三九年第二次世界大戰爆發，歐亞各國陸續捲入戰爭的漩渦之中，美國國內未受戰火波及，各國訂單紛紛湧入美國。美國工廠應接不暇，開始擴產增加供應，龐大的失業問題頓時獲得解決。失業率的降低造成工資上揚，隨處可見招募員工的廣告。工資的提升則進一步刺激了消費的慾望，美國各項經濟指標陸續出現增長的情況，各種跡象顯示美國經濟已從谷底翻揚。正當其他國家打得灰頭土臉、難分難解的時刻，美國儼然成為世界最有實力的強權國家。

過去新政時期所有建設的基礎設施，都為從天而降的經濟復甦提供了極大的幫助。空港、碼頭、鐵道與公路的興建，使得原物料與半成品能迅速運到有需求的工廠中，而製成品也能快速地經由這些交通建設運送至國外。美國經濟以驚人的周轉速度成長，有如沉睡的猛獅突然從睡夢中一覺醒來。

第二次世界大戰後，美國的經濟實力已不可同日而語，在世界經濟中擁有絕對的優勢。美國經濟的優勢地位從五〇年代開始躍升，一九五〇年至一九七〇年間，美國國民生產總值平均每年以百分之四的速度快速向上增長。雖然在此期間，西方各國與日本的經濟增長速度並不亞於美國（德國為百分之五點〇，法國為百分之五點六，日本為百分之七點一），但是沒有一個國家能夠長期像美國一樣，連續以這麼高的成長速度在增長。令人驚訝的是，這段時期，美國經濟出現了連續一百零六個月的增長，這樣長期的經濟增長是過去從未有過的。

美國戰後經濟迅速發展的一個重要原因，就是美國利用財政手段引導經濟發展的方向。美國政府不斷以增加國家財政支出的方式，加上對企業實施優惠稅率來刺激生產，使社會增加資本投資。另外，美國聯邦政府在戰後對許多新興部門進行了大量的投資，比方說美國原子能工業的投資，從一九五〇年至一九七〇年，共計一百五十億美元。另外，對航太工業的投資，在這段期間內，每年至少投入五十億美元的投資。

美國政府希望藉由科技的發展來帶動生產效能，提高產業的生產產能，並加速資本的累積。科學技術的發展對美國的經濟繁榮，帶來最直接的影響就是商品產量的增加。然而，沒人能把握新科技的研發是否一定會成功，況且每一項科技的研發都需要投入大量的人力、物力與時間，一般企業很難承擔這樣的投資，因此就只能藉由政府主動出面主導，對這些部門進行大量的投資。美國政府對經濟的干預，還表現在出口方面。為了使出口的數字保持一定的水準，一方面由政府購買援外（援助一些經濟發生問題的國家）的商品出口，另一方面則對部分美國的商品實施出口補貼。美國援外的出口占整體美國出口比重，在五〇年代占百分之三十，而六〇年代則占百分之二十左右。

戰後的美國經濟發展，與過去相比之下，呈現出極大的不同。這個時期的經濟發展是西方經濟學家所稱的「美國黃金年代」。美國的國民生產總值，在這段期間從一九六〇年的五千零二十三億美元，上升到一九七〇年的一萬零一百一十二億美元；美國的工業生產總值也以平均每年百分之十五的速度快速增長。一九七〇年美國的煤、原油與鋼鐵產量占全球產量都在百分之二十以上。

雖然現在大多數的人都買得起汽車，不過美國早在一九七〇年，家庭汽車擁有率就已經達到世界最高的水準，百分之八十以上的家庭至少都擁有一輛汽車。農產品在當時也有很高的成長，一九七〇年的農產品產量就比一九五〇年增長了二倍以上。第二次世界大戰戰後，美國國內政治穩定，政府頻頻運用財政支出來擴張經濟，各種科技不斷地創新，生產技術的改良，這些都是造就美國經濟「黃金年代」的主要原因。

當美國飛躍式的擴產速度開始找不到買主時，經濟開始出現停滯的狀況。商品產量已經擴到大到某一個地步時，美國企業已經找不到更多的市場來銷售這些商品，廠商不得不停止產量的擴增。然而，接連兩次的世界大戰，為美國帶來全球的市場，使美國成為全世界的供應商。這個契機使全球的財富持續源源不絕地流入美國，美國儼然成為世界第一的強國。

這兩次的世界大戰，幾乎使全世界的生產停頓，將近十年的時間都需要美國的供應。這等於美國有十年的時間，獨占了全球的市場。全世界大半的財富都流進了美國的口袋，美國擁有這麼龐大的驚人財富，就算不想成為全球的霸主也難。

新興財團的崛起

新科技的發展與新式工業的興起，美國開始出現另一股財團的勢力，這些財團也發揮了政治上的影響力，主導了美國政策的方向。

戰後美國的經濟發展重心，逐漸由東北部轉向西南部。過去由於殖民的影響，英國人最早來到美國的東北部，那裡是美國傳統工業的重心所在。隨著交通建設延伸到西南地區，新興工業迅速往西南部開展，石油的發現更使得西南部開發的速度加快。由於石油的發現，使得礦業、石油化工與飛機製造業等新興產業，在西南部地區蓬勃發展。

新行業的興起帶動了一股新興的經濟勢力，美國西南部地區新財團的驟然興起，從經濟乃至於政治上，無不與過去傳統的東北部財團形成激烈的角力。比方說，美國西部太平洋沿岸的加州新興資本家，發展成為加州財團，並控制了當時美國最大的一家銀行——美洲銀行；而美國南部的德州則因為石油的開採，和軍事工業的興盛，也成為另一股新的財團勢力。加州財團在五〇年代早已是美國第三大的財團，其經濟與政治的實力僅次於東北部的摩根財團和洛克菲勒財團。

這些新財團的興起，對美國的政治也產生了重要的影響。第二次世界大戰以前，美國歷屆政府的權力主要由東北部的財團所掌控。但是在戰後，政治上的情勢開始有所轉變。美國西南部的財團，為了獲取政治上的利益，開始在政治上與東北部的財團展開激烈的競爭。

加州財團的形成與發展，始於加州當地集團的相互整合與合併。加州的飛機製造業在一九六〇年，已占全美飛機總生產量的百分之五十以上，位居全美的第一位。冷戰期間加州的軍火工業發展，在美國更具有領導地位，他們在長程導彈與航太工業上都有驚人的進展。加州財團對政治力的涉入更是不遺餘力，並曾贊助尼克森競選，先後獲得擔任美國正副總統的職位。

在尼克森執政期間，由於獲得政治上的勝利，加州財團在政治上與經濟上都獲得快速的發展，特別是從軍火訂單中所獲取的龐大利益。加州財團的洛克希德公司，過去一直是美國著名的軍火承包商之一，在尼克森執政期間，該公司一直被列為美國國防部最重要的軍火承包商。

然而，尼克森下台後，其軍火商的地位便開始下降。由此可見，美國政治與財團利益之間的掛勾極為緊密。另一個明顯的例子，則是美國總統雷根，他曾出任加州州長，也是加州財團的政治代表人物之一。他在執政後開始推動星戰計畫，大幅度增加國防預算，以軍火工業為主的集團，從中獲取了非常龐大的經濟利益。

美國西南部財團影響政治的另一個著名例子，就在素有牛仔故鄉之稱的德州，它是美國的第二大州，石油蘊藏量豐富，高居美國首位，德州的休士頓亦是美國最大的航太與石油化學工業中心。由於美國政府龐大軍費支出的刺激，德州的軍火工業獲得快速的成長，從第二次世界大戰到越南戰爭，德州在軍火工業的重要性皆有所提升，成為僅次於加州的重要軍火供應地區。

德州原本在美國只是個落後的農業州，德州財團中有許多富豪，原本早年是大農場主身分，也繼承了美國南方保守主義的傳統。二十世紀三〇年代，因德州石油的發現，使當地出現一批暴發戶。這批暴發戶將從石油開採所獲得的財富，再次投入到金融業與工業之中，因而逐漸形成美國重要的財團之一。與美國東北部的摩根老財團相比，德州新興財團所擁有的資產相對較少，社會地位相對較低，常常受到東北部大銀行與大公司的壓迫。隨著德州財團經濟實力的不斷增長，他們展現出更積極的政治參與性，並主動支持美國保守主義的政治勢力，以從中謀取驚人的暴利。德州財團過去曾經利用政府關係，低價租賃大面積的油田區，並透過開採而獲取非常驚人的利潤。

隨著德州財團的實力增強，其在政治上的影響力也日益明顯，德州財團贊助政治人物當選總統，如一九六四年的詹森。詹森在數十年的政治生涯中，在國會和政府中積極運作，替財團謀求政治利益，其中包括爭取軍火訂單。冷戰期間，詹森運用他的政治地位積極運作，促使國會支持擴大軍事支出，並讓德州財團所屬的軍火工業順利取得龐大的軍事訂單。甘迺迪遇刺身亡後，詹森當上總統，隨即取消當時甘迺迪所提出的撤出越南計畫，其後數年越南戰爭高漲期間，德州財團從中獲取的國防訂單增加了數倍之多。

美國新財團不斷藉由政治力量的掛勾來累積財團實力，並一次又一次地從政治操縱中獲取利益，形成富者恆富、窮者恆窮的惡性循環。如果這種循環能夠促進經濟發展，大家或許也相安無事，不過事實的演變可能沒這麼樂觀，因為這種循環終將吸光大部分人的財富，並使經濟陷入危機。

跨國企業的興盛

隨著美國經濟實力的增強，美國企業開始往外開拓市場，並出現不少具有國際影響力的跨國企業。

雖然跨國公司早在二十世紀初就已經出現，但是直到第二次世界大戰前，早期的跨國企業仍多以亞洲國家作為經營重心，其營運的範圍和經營的型態並未像現在一樣那麼具有規模。二戰後，美國跨國企業的發展非常迅速，並對全球經濟有了舉足輕重的影響力。美國憑藉其在軍事與經濟上的優勢地位，影響了全球主要國家的對外政策，美國企業得以自由地進入這些地區發展。

由於美國經濟規模相當龐大，再加上一連串的戰爭因素需求，美國開始發展出具有國家實力的企業財團。在美國市場逐漸被各個財團所占據飽和後，這些具有雄厚資本的美國財團便開始大肆向海外擴張。這些國際性企業充分利用全球的資源和市場，在各地建立工廠與銷售據點，並以直接投資的方式，擴大在全球市場的占有率，進而獲取高額的利潤。

從十九世紀末開始，美國已經歷了數次企業整併浪潮，這些整併包括同產業的大企業併購小企業，上下游的垂直整併，從控制生產原料的供應與加工，一直到下游的銷售市場。還有多角化經營的整併，只要是企業認為有利可圖的，就想盡辦法透過購買股份的方式，或是透過談判的方式，來購併不同產業的企業。

例如美國的通用汽車，該公司最初是以製造汽車為主，但是在第二次世界大戰過後，除了製造汽車外，還開始製造起飛機的發動機、軍火武器、太空船與家用電器等，並且在世界各主要城市設立子公司，形成全球性的生產與銷售網路，藉以提升整體銷售金額，並擴大生產規模來降低成本。

直到今日，許多跨國企業的實力甚至超越許多國家的經濟規模，像是以生產石油著名的艾克森美孚，在世界中的排名位居第四十五名，總產值超過六百三十億美元，這已經超越巴基斯坦經濟年產值。而通用汽車則排名世界第四十七位。其他諸如福特汽車、戴姆勒克萊斯勒、奇異電器、西門子以及新力等等，這些企業在全球前一百大經濟實體中共占了二十九席。跨國企業強大的經濟實力，無不顯示出財富如何在少數人的手中快速集中，而這種財富的集中又一次地為世界經濟運作埋下崩潰的因子。

FIVE

不斷重複的歷史

強調自由主義的世界經濟，
又再一次面臨經濟崩潰的挑戰。

貨幣體系的瓦解

實施多年的金本位制，也在經濟崩潰後宣布瓦解。

一九三三年信用危機席捲美國，全面性的擠兌使銀行破產。歐洲各國政府紛紛以美元向美國政府換取黃金，聯邦儲備銀行的黃金儲備量在一個月內就減少了百分之二十以上，美國政府被迫宣布緊急停止兌換黃金。同時國會授權聯邦儲備銀行改以政府債券作為發行貨幣的擔保，美國實行金本位制的歷史到此全部結束，歐洲其他國家也陸續放棄金本位制。

為了避免因過度發行貨幣，引發像德國一樣的超級通貨膨脹。一九四三年，美國財政部官員懷特，提出國際貨幣金融體系的「懷特計畫」。懷特計畫主張取消外匯管制，以及各國對國際資金進出的限制，並建立一種由美元擔任國際貨幣的角色，使各國貨幣與之保持固定比價，而美元本身則與黃金進行掛鉤。其他會員國的貨幣都要與美元保持固定比價，未經會員國四分之三的同意通過，各會員國的貨幣就不得逕行貶值。

美元處於中心地位，擔任世界貨幣的作用，美國則保證美聯儲按照官價以美元兌換黃金，以維持會員國的信心。這樣的型態雖屬於另一種型態的金本位制，但黃金在布雷敦貨幣體系中，無論在流通或是在國際儲備方面的作用都有所降低，而主角則從黃金變成了美元。因為黃金是穩定這一貨幣體系的最後屏障，所以黃金的買賣與價格受到嚴格的控制，各國政府也明令禁止民眾自由買賣黃金。

西方各國貨幣與美元掛鉤，實行固定匯率制，並可按三十五美元／盎司的官價向美國兌換黃金。然而，二次戰後西歐國家面臨嚴重的經濟問題，戰時的過度消耗，使西歐各國無法承受以美元為基礎的兌換業務，布雷敦森林體系此時仍然無法有效運轉。

美蘇關係於戰後迅速轉為對抗關係，加上毀滅武器的牽制，使冷戰形成。美國杜魯門總統為了抑制共產主義在世界持續擴張，開始實施一連串的援助計畫，以支持西歐國家恢復經濟穩定。從一九四八年開始，美國持續向西歐各國提供百億美元的經濟援助。另一方面，美國為了抵禦蘇聯的軍事擴張，開始在歐洲各國駐軍，並不斷增加軍事支出，部分軍事支出則流入了歐洲業者手中。

美國對歐洲國家的經濟援助，再加上軍事支出，在一九四八至一九五八年的十年間，流入歐洲的美元共計約有二百億左右。這些從美國流出的美元，大大緩解了歐洲國家的美元荒，歐洲各國的國際收支逆差開始縮小，歐洲經濟有所恢復，商品出口也逐漸增加。不久後，以英、法、德為首的歐洲宣布可以自由兌換美元，布雷敦森林體系開始步上正軌，各國貨幣的發行與兌換制度有所依循，西方發達國家的經濟日益繁榮，同時也確立了美元的國際貨幣地位。

由於布雷敦森林體系存在某些制度上的問題，運作不久後貨幣體制又出現了新的問題。耶魯大學教授羅伯特・特里芬（Robert Triffin）指出，在布雷敦森林體系中，美元的發行量與各國清償能力存在矛盾。各國是依靠美國流出美元，也就是美國國際收支赤字，才會有多餘的美元從美國流出，其他國家也才能夠有足夠的美元來提供兌換。但是，假如美國長期保持國際收支赤字，必然使民眾對美元失去信心。然而，如果美國維持收支平衡，則各國無法獲得足夠的美元來維持這個體系的運作。

由於產生矛盾的問題之間是相互影響的，致使這個貨幣體系的矛盾問題無法獲得解決。其次，冷戰的發展和國際勢力發生變動。在二十世紀五〇年代，儘管布雷敦森林體系存在上述根本上的問題，但由於美國實力的增強，以及其在世界經濟中的強大地位影響，這個體系仍繼續地實施。冷戰持續發展，美國以全球戰略的角度出發，將本國經濟利益變成了國際政治利益，允許西歐、日本根據本國情況自由改變其貨幣兌換成美元的匯率，這樣就維持了布雷敦森林體系的持續運轉。

到了六〇年代，特里芬效應開始浮現。西歐與日本經濟相繼恢復，美國民眾的消費開始增加，美國逐漸從貿易順差國轉為逆差國。另一方面，美蘇對抗加劇，朝鮮戰爭、越南戰爭，以及軍事擴張等需要，美元發行量逐漸增大，進而影響到美元本身的購買力，美國國內通貨膨脹的情況相當嚴重。

一九七〇年以後，美國國際收支逆差超過八百億美元，大量美元流入海外政府、企業與民眾手中，美元一下子氾濫成災。各國對美元的持有信心迅速降低，紛紛將手中的美元向美國政府兌換黃金，造成美國黃金儲備快速下降。到了一九七一年，美國黃金儲備僅剩下一百億美元，而同期美國的海外債務卻高達五百億美元以上。

在這種情況下，外國所持有的美元一旦增加後，如果美國無法按固定匯價以每盎司三十五美元的比例兌換成黃金，就會導致國際貨幣體系的不穩定，布雷敦森林體系至此已經難以再繼續運轉下去。由於美元面臨清償危機，美國政府宣布停止以美元兌換黃金，即不再承擔布雷敦森林會議中，美國對美元的清償責任，等於宣告布雷敦森林體系的瓦解。

老布希的爛攤子

為了維護財團的利益，具有德州財團背景的老布希，又一次地實施軍事擴張計畫，讓美國政府欠下大筆的債務。

為應付美元危機，美國政府於一九七一年八月十五日宣布實行新的貨幣政策，停止讓各國政府用美元來向美國兌換黃金。這個舉措，引起西方貨幣市場極大的不安與恐慌。同年十二月十八日，十國集團在華盛頓召開集會，最後通過的協議是決定調整主要國家匯率，美元正式貶值百分之七點八九，即黃金每盎司官價由三十五點二美元上升到三十八點八美元。美元出現了自一九三四年以來的第一次貶值，美元的貶值也象徵美元霸權地位的下滑。

布雷敦森林體系瓦解，使西方貨幣體系造成極大的混亂。不久後，各國於一九七四年九月在牙買加首都召開會議，並通過了一些貨幣方案，即歷史學家所稱的「牙買加體系」。至此黃金完全退出貨幣市場，各國的貨幣兌換不再以黃金的價格為基礎，各國貨幣改採自由浮動匯率，會員國可自由選擇固定匯率制，或者是浮動匯率制。

儘管黃金不再是計算美元匯價的基準，但美元仍普遍流通於全球金融與貿易中，作為國際計價與償付的計算單位，大多數國家的貨幣仍然與美元進行掛鉤。事實上，美元在全球各地已有相當大的流通量，各國政府與民眾也都持有一定數量的美元，美國國力縱然有所衰退，但依然未能撼動美國霸主的世界經濟地位。黃金兌換功能退出貨幣市場後，各國貨幣更需要美元來作為發行貨幣的基礎，反而使美元的國際貨幣地位間接得到了強化。

然而，從二十世紀七〇年代開始，美俄兩國的軍事競爭加劇，冷戰的爆發使美國經濟出現停滯，一九八〇年的黃金價格已超過每盎司八百美元，並於短短一年多之間，金價飆漲超過百分之三百，美元國際貨幣地位再次出現動搖。在一九八一年雷根上台前，美國政府早已負債累累，政府總債務超過一兆美元。雖然雷根曾經注意過美國政府的債務問題，然而，後來隨著美俄關係緊張、軍事競賽的發展等，幾個重要因素的影響，使得雷根任內的債務問題更加惡化。

這中間的關鍵因素無不在於美國財團的壓力影響，一些擁有龐大軍火工業的財團，不斷遊說美國政府，提高軍事支出來對抗蘇聯。相較於蘇聯的安全威脅，財政赤字與債務問題就變成了美國的次要問題。其次，由於過去凱恩斯擴大政府支出的理論，在某種程度上似乎真的幫助美國走出了經濟大蕭條，因而雷根也仿效了這樣的經濟措施，用擴大政府支出的方式來促進經濟循環。試圖以增加貨幣供給來刺激市場需求，並使經濟進入良性循環，那麼政府的赤字與債務，就可藉由經濟活絡所增加的稅收來獲得改善。

但是，隨著雷根的八年執政過去，美國政府雖然不斷地增加投資公共支出的規模，但政府稅收仍舊處於低迷狀態，經濟情況依然沒有改善，美國政府債務總數足足增加了兩倍以上，達到了三兆美元。老布希接任後，並未認真檢討過去雷根的經濟措施是否出現問題，仍然繼續採取擴張的經濟政策，更對富人進行大幅度的減稅，政府的稅收基礎持續惡化。另外，為了討好選民，老布希又陸續通過許多福利法案來爭取選票，政府赤字成為常態，最後更躲不了債台高築的命運。

在老布希任內，預算失衡情況已逐漸加溫，聯邦預算中的利息支出項目增加快速，並居於整體預算支出的第二位。美國政府歲出有四分之一以上竟是用來支付利息。而這些利息最終也落入了持有大量公債的富豪手中，使得富人永遠有花不完的錢。利息支出的高漲必然排擠到政府預算中的其他支出，其中排擠最厲害的，自然就是過去漫天開支票的社會福利措施。

本來應該會對經濟產生正向幫助的措施，最後卻變成了政府的沉重包袱，其中最關鍵的問題就是政府大量舉債，使民間資金出現短缺，進而造成民間利率的走高。隨著財政赤字與聯邦債務的不斷增加，借貸成本也不斷向上攀升，美國政府必須付出更高的成本才能借得所需的經費。

到最後，利率水準始終居高不下，政府、企業與民眾必須花費更高的借貸成本，才能順利取得所需資金。利率每上揚百分之一，就意味著借款人未來必須要有更高的回收，才能應付利息的支出。這樣一來，民間的舉債意願就會開始下滑，而政府的利息負擔也會越來越沉重。在這種情況下，願意舉債投資的人持續變少，期待經濟活絡自然也變成了一種奢望。經濟不活絡，政府稅收增加無望，再加上政府利息支出的不斷上升，使美國政府的財政問題日益惡化。

財政赤字與聯邦債務問題已經到了難以解決的地步，老布希不得不違背競選承諾，恢復加稅政策。此時他無法說服選民，他的加稅是必要的。過去老布希大張旗鼓到處打仗，大幅度增加政府的軍事支出，這些都是導致美國政府財政急速惡化的直接原因。他的加稅政策當然會引起選民們的憤怒，致使老布希尋求連任之路失敗。當柯林頓競選獲勝時，他即將面對的是老布希過去四年所留下的龐大財政赤字，而且是美國過去從未有過的二千九百億美元的財政赤字。

恢復財政盈餘計畫

與個人的理財問題一樣，減少支出向來是解決入不敷出問題的不二法門。

柯林頓當選後，他發現美國政府赤字與債務問題十分嚴重，但他也無力在短時間內就改善聯邦預算的赤字。光是一九九二年聯邦政府一年的赤字就高達二千九百多億美元。面對此種惡化的財政情勢，柯林頓只能選擇加稅，來改善聯邦政府的財務結構，並同時大幅度削減政府支出以減少赤字的產生。

雖然加稅的法案受到共和黨議員的全面反對，但由於民主黨擁有國會席次上的優勢，該加稅法案仍順利通過實施。加稅法案通過後，共和黨議員個個喜形於色，並對民主黨議員冷嘲熱諷，似乎通過這個讓選民反感的增稅法案，就會讓民主黨員吃下敗選的毒藥丸。而兩年後的選舉，選民紛紛對執政黨投下不信任票，民主黨大敗並喪失國會中的多數席次。

然而，柯林頓平衡赤字的做法在不久後開始有了成效，政府預算逐漸恢復平衡。

財政赤字的減緩使得市場又開始有了充裕的資金，在這些廉價資金的供應下，各項投資紛紛開展，工業生產產能大幅增加，各種創新產業出現前所未有的發展，美國邁向史上最長的一段繁榮期。

柯林頓政府的主要財政措施

老布希時代一直採用的是以擴張的方式，來解決政府的赤字問題，試圖以刺激繁榮所帶動的稅收增加來改善財政收支。然而問題不但沒解決，卻反而擴大了政府的赤字規模。柯林頓政府摒棄這種盲目增加財政支出的行為，改用調整財政結構的措施，並獲得良好的成效。

柯林頓從財政支出與財政收入雙管齊下

在調整財政支出措施方面，柯林頓有系統地加大對教育部門的支出，具體措施包括改善教育的軟硬體設施，以及全套教育體系的建立，從家庭與學校的合作做起，涵蓋幼兒教育、初等教育、中等教育、高等教育，以及社會的職業培訓等。

另外，龐大的軍事開支亦是美國政府財政赤字居高不下的主要原因之一。為了有效降低財政支出，柯林頓上台後立即調整軍事費用的支出，使其降低到可接受的範圍。大幅度減少財政赤字是柯林頓政府振興經濟計畫的核心。在縮減軍事支出上，美國政府關閉多個海外軍事基地，並召回大量的海外駐軍，停止多項軍事援助計畫，以及減少軍事採購等，使美國的軍費支出從布希執政的三千億美元，降低至二千五百億美元。

柯林頓政府還著手精簡政府機構和大量裁減冗員，以減少行政開支。到了一九九七年，聯邦政府總共裁減了約三十萬的政府行政機構人員，每年可節省多達一百億美元以上的行政開支。軍事與行政支出的削減，使美國財政支出獲得有效的減輕。

柯林頓政府亦將原來由政府獨力進行的研發項目，改為鼓勵私人與政府合作投資，研發投資的重點則放在高科技領域，以及未來具有強大發展潛力的項目上。在研發支出上的新舉措，帶動了美國資訊科技的強勁發展，並使美國的產業結構出現重大調整，美國每年專利申報件數從一九九〇年的十七萬件，激增到二〇〇〇年的三十萬件，其中專利申報中新發明的件數比例超過百分之九十。

由於財政支出向民間科技研發傾斜，因此相較於以往軍事科技專利的獨占，民生消費科技專利數量開始有了成長。這些專利開始刺激新興產業的發展，新的生產技術、新的管理方法不斷出現，美國私人部門的勞動生產力顯著提高。電腦相關產業的產值成長率，每年都有二、三成以上的漲幅，遠超過傳統產業的成長率。科技的增長與管理方法的改良，也使美國私人部門的利潤率持續增加。到了二〇〇〇年，美國企業利潤達八千多億美元，比過去十年增長了一倍以上。

另一方面，在財政收入的調整措施上，由於有經濟學家指出，當稅率高到某一程度時，將反而使總稅收下降，同時對經濟活動造成不利的影響。過去雖然雷根與柯林頓政府都採用減稅來試圖刺激經濟增長，不過兩者在減稅的實施對象上卻有所不同。雷根政府所實施的減稅措施是有利於富人階級的方案，而柯林頓政府卻是針對中低收入階層來提出減稅政策。這兩種方向完全不同的減稅政策，也讓經濟產生了截然不同的結果。

柯林頓的減稅措施，主要表現在對廣大的中低收入者與中小企業上。並藉由社會福利措施和補助，使大多數民眾的可支配所得能夠增加。其中包括稅賦的減免、教育支出的補貼、住房補助等等。

柯林頓執政時期，各種民生消費科技大量萌芽，資訊科技發展與產業革新處於上升階段，此時新型的消費產業需要大量民眾的消費。隨著中低收入階層可支配所得的提高，個人消費能力開始逐步增加，他們對新開發出來的消費產品產生極大的興趣。這些新興的消費族群，快速地帶動各種新興產業的崛起，例如電腦製造業、資訊服務業與軟體業等。

到了二〇〇〇年，美國財政赤字的情況終於開始好轉，聯邦政府的財政開始出現了盈餘。由個人消費所帶動的經濟榮景，使柯林頓政府很快地擺脫財政赤字的陰霾。在他就任的第六年，就將財政赤字的情況扭轉過來，順利讓財政轉虧為盈。在二〇〇〇年的財政盈餘更達到二千三百多億美元。在美國歷史上，能夠成功平衡財政赤字的總統並不多見，而柯林頓就是其中的一位，並創造出美國前所未見的經濟榮景。

柯林頓從原本不被眾人看好，到提出改善經濟議題，受到眾人矚目。在總統大選中，不斷打擊布希巨額財政赤字的痛處，並擊敗老布希獲得勝選，從阿肯色州長一躍成為美國總統。柯林頓主政的八年期間，美國道瓊指數從三千三百多點一直漲到一萬點以上，過去前任總統所遺留下來的巨額財政赤字，柯林頓在二〇〇〇年時就順利將其由負轉正。

但是，儘管柯林頓解決了預算赤字的問題，卻無法解決政府所累積的龐大債務。當時美國政府所積欠的債務餘額高達六兆億美元以上。而這些債務所產生的利息也相當可觀，占去美國政府財政支出百分之十五左右，這麼龐大的支出比例勢必排擠其他政策的推行。這些債務無疑成為美國政府未來不可承受之重。

熱愛戰爭的布希家族

具有財團背景的小布希又獲得了美國總統的寶座，藉由舉起反恐的旗號，到處進行侵略行為，不斷增加軍事支出，美國財政赤字問題再度浮現。

到了柯林頓下台之時，美國到處充滿歡樂愉悅的氣氛，此時共和黨的小布希憑藉著過去老布希執政聲望，而順利當選美國總統。上屆總統所遺留下來的財政結盈，小布希很快就在競選承諾中，聲稱要將財政盈餘拿來退稅。這些退稅方案的實施，對於富人與大企業極為有利。在豐厚支票的背後，卻隱藏著龐大債務的危機。

這些退稅措施的確為美國延續了消費榮景，不過財政赤字與債務的噩夢又重新浮現。過去連續四年的政府盈餘，到了二〇〇三年正式畫下句點，聯邦預算中有三千多億是拿來專門給付政府債務與利息，債務相關支出的規模竟與國防開支不相上下。相較之下，三百多億的教育預算和五百億的交通部預算，也只能算是小兒科而已！

不論是老布希，或者是小布希，為何只要他們一上台，就要頻頻發動戰爭，美國歷史上最熱愛戰爭的，大概非這個布希家族莫屬！當伊拉克入侵科威特時，老布希尚可大方地經由聯合國安理會的表決通過來發動戰爭。而這次的美伊戰爭，卻是美國胡亂找了個擁有大規模毀滅武器的藉口，來對伊拉克發動戰爭，硬是要把海珊政權給趕下台。其中的原因無他，就是為了戰爭所帶來的龐大軍火與石油利益。

誰擁有武力，誰就有權說話，小布希又再次證明了國際社會的現實。強者說話沒人敢吭聲，只要有反對者，美國便不惜以武力對待。當時最為反對美國發動伊拉克戰爭的伊朗，也曾被美國鎖定為下一波的攻擊對象。小布希為了家族利益，不惜以全美國人的利益來換取。為了達到這個目的，小布希藉由九一一事件來形塑美國被外國加害的氛圍，並加以延伸出若要維護美國安全，則必須鏟除所有美國的反對勢力。然後再把伊拉克冠上恐怖主義的資助者形象，這樣除了讓美國國內反對出兵的勢力噤聲外，對外還可順理成章地以抓兇手的名義發動侵略戰爭。

在九一一攻擊事件後的一年，美國政府公布了《美國國家安全戰略》報告，布希政府以這份長達三十三頁的報告，來描繪出美國當前最需處理的對象。凡是對美國具敵意的國家，以及恐怖組織團體，美國都必須採取先發制人的態度，以維護美國本土的安全。在這份報告書中，不斷強調這些國家或組織，皆擁有大規模毀滅武器，足以危害到全美國人的利益。為了防止各種可能發生的危機，美國都必須採取先發制人的策略。美國就是以這樣的手段來發動接下來的幾場戰爭，如美伊戰爭與阿富汗戰爭。

美國發動對阿富汗戰爭，除了是為了報復塔利班組織外，發動美伊戰爭的必要性與正當性就令外界感到質疑。當然，這其中包含許多不為人知的政治謀略與龐大的政治利益。這不得不提到布希家族的背景，德州商人在軍火工業和石油工業中大發橫財，成為美國的新興財團勢力。美國西部的加州財團和南部的德州財團，是二戰後新崛起的兩個財團，他們從軍火工業中不斷獲取巨額的利潤。布希父子都具有相當濃厚的軍火與石油集團支撐的背景，就連當時擔任副總統、國防部長與國務卿等重要幕僚，也都具有石油財團的背景。

為了確實取得控制石油的開採權，布希父子只好對不聽令於美國的海珊政權下重手。這麼一來，不但軍火工業可以獲得源源不絕的訂單，就連石油開採權也可以順利取得。而這一石二鳥的計畫，卻是用全美國人的利益與他國的血淚所換來的。

美國對伊拉克動武，戰爭及戰後重建等直接費用超過千億美元，再加上周邊的支出費用等，就像一個無底洞似的，不斷消耗掉美國本土的資金。這些沉重的負擔，都將使美國未來的經濟發展受到嚴重影響。

一九九一年波斯灣戰爭的總費用支出為六百一十億美元。而這個以美國為首的多國部隊，其中美國以外的國家所派出的部隊，約占總兵力的百分之二十四，但它們卻分擔了戰爭總費用的九成。光是沙烏地阿拉伯、科威特和日本三個國家就承擔約五百億美元的戰費。美國實際花在波斯灣戰爭的費用僅約七十億美元，僅占全部戰爭費用的百分之十二。然而，各位應該可以了解到，大部分的軍火供應皆來自於美國的軍火工業，這些費用絕大部分都進了美國人的口袋，波斯灣戰爭真正得利的不是別人，而是美國本身。

但是由小布希所發動的美阿戰爭與美伊戰爭，情況就大為不同，因為這是由美國以自身利益出發而發動的戰爭，所以沒有國家願意替美國支付這些戰爭開支，美國對阿富汗發動的反恐戰爭，光是軍費支出，就花了一百多億美元。美國國防部雖然沒有明確說明阿富汗戰爭的實際開支到底是多少，但其報告指出，在阿富汗戰爭的前三個月準備期間，美國就已經花費了約四十億美元的支出。

美國對伊拉克發動戰爭的費用更是驚人，光是直接軍費支出就已經花費將近千億美元，這其中還不包括後來的重建計畫、相關設施，以及人員費用的支出。這些龐大的軍費支出，自然而然地反應在美國的財政預算上。小布希從柯林頓手中接過政府財政盈餘，卻隨著小布希的執政而江河日下。短短不到幾年的時間，不但千金散盡，財政赤字的情況還越來越嚴重。從二〇〇二年起開始出現一千五百八十億美元的赤字，一直蔓延到了二〇〇八年，赤字金額更高達四千五百多億美元，這是繼父親老布希之後，續創美國赤字的新高紀錄。

美國史上任期最久的聯邦儲備理事會主席——葛林斯潘（Hon Alan Greenspan）也對日益惡化的財政赤字發出警告，除非美國政府實施重大的縮減赤字方案，否則財政赤字將無法收拾。小布希直到任期結束前，政府財政赤字一點也沒有縮小的跡象，黑洞反而越來越大，這帶給新上任的歐巴馬政府極大的考驗。

破表的債務鐘

美國政府債務像滾雪球一樣不斷地擴大，連過去用來統計美國政府債務的裝置，都出現顯示位數不足的情況。

在美國有一個很特別的裝置，叫作「債務鐘」，當美國政府債台高築時，一位房地產大亨特地在一九八九年的紐約時代廣場附近，興建了一座名叫「債務鐘」的裝置，用以提醒民眾，美國正面臨沉重的債務壓力。隨著柯林頓減少預算赤字方案的奏效，美國政府債務開始出現約一千億美元的下降，而債務鐘也在一九九八年關閉。

然而美國政府債務並沒有馬上消失，它仍有五萬億美元以上的餘額規模。民眾高興的日子並未太久，小布希上任後，絲毫不在意過去所留下的龐大債務，反而開始運用好不容易得來的財政盈餘大開競選支票。大肆揮霍的結果，使財政赤字又很快地重現。當政府財政赤字又開始不斷攀高之際，該房產大亨的兒子決定再把國債鐘給重新打開。國債鐘於二〇〇二年七月重新開始運轉，大鐘的數字顯示為六兆多美元，以當時的家庭數計算，每個美國家庭積欠六點六萬美元。

不計成本地追求政治利益，是歷史上所有帝國滅亡的重要原因，其中又以戰爭的危害最大。戰爭時期不但多數人不從事生產，更是大量消耗的來源。規模越大的戰爭，其影響經濟的層面就越大。我們過去經常聽老一輩的人說：打仗都把人給打窮了！就是這個意思。過去中國歷朝歷代中，無一不是以休養生息而創造盛世，因大肆征伐而快速走向滅亡。像是漢武帝和清朝乾隆，皆大舉向邊疆征伐，大小戰役無數。過多的戰爭使王朝迅速由盛轉衰，快速走向滅亡之路。其中的原因無他，大量的軍人不事生產，每個軍人每天都必須要消耗掉固定的糧食，加上大量武器和裝備的消耗，再強大的帝國也會被拖垮。

再回頭看看美國，為何美國大部分的戰爭到最後都不了了之，其中最關鍵的因素就是軍費消耗過大，致使財政支出大幅增加，執政者因無法抵擋國內內部的壓力而被迫放棄。羅馬非一天造成的，美國會演變成世界上最大的債務國，亦是其來有自。從二十世紀八〇年代開始，美國開始仰賴來自國外的直接投資，以支撐國內經濟的增長。一九八五年以後，美國從原本的債權國轉變為債務國，這種轉變嚇壞不少美國人，亦結束自一九一四年來長達七十年的債權國歷史。

美國政府非但沒有警覺到債務的快速累積，甚至還變本加厲地舉債來解決眼前的問題。習慣性地舉債，終將使局面到達不可收拾的地步。據美國財政部的資料統計，持有美國債券最高的就是中國和日本，以往的日本總是位居美國公債持有的第一位。然而，美元突如其來地大幅貶值，嚇壞了節儉的日本人，並開始大量甩脫手中的美債。面對美債乏人問津的窘況，美國開始尋找下一個美債的繼承人。

中國自古就以天下興亡為己任，既然自己是因美國的消費而起，自然有義務在這個時刻負起這個重任。中國儼然成為新世紀的救世主，日本拋售出來的美國公債，多數被中國政府給買了回去。中國於二〇〇八年底的美國公債持有量已高達七千億美元，取代日本成為美國最大的債主。

不過，事情並非到此就結束，美國人似乎認為舉債是隨手可得的容易事。隨之而來的，不是美國政府想要趕緊還債，反倒是想藉由更多的舉債，來應付當前的金融危機。隨著美國本土金融機構倒閉的家數越來越多，新上任的美籍非裔總統歐巴馬，也開始了新一輪的舉債競賽。

歐巴馬在二〇〇九年一月二十日上任，而布希政府留給他的是擁有完備政府架構的美國，還有一屁股的爛債。從美國相關統計報告裡，美國的財政赤字從二〇〇八年的四千五百多億美元，到了二〇〇九年即將暴增至一兆二千億美元，這個數字已占美國人均國內生產毛額的百分之八，創下二戰後的最高紀錄。

原本小布希規劃的八千多億美元振興經濟方案，在歐巴馬上任後，加碼推出規模超過一兆美元的新振興經濟方案。另外，於此同時，隨著美國人口結構的老化，未來美國政府要負擔的各項醫療與社福支出將大幅增加，這些都將使得美國財政問題更加惡化。

矗立在紐約時代廣場前的「國債鐘」，由於美國政府債務已超過十兆美元，使得僅有十三位數的電子鐘終告破表。為了能繼續顯示美國的債務情況，擁有者只能將代表美元符號的「$」拿掉，以挪出足夠的位數來顯示。隨著美國國會新通過的紓困方案，美國政府債務馬上突破十一兆美元。所謂債多不愁，美國國會更一舉將舉債上限從現在的十一兆三千億美元，提高到十二兆一千億美元，以擴大將來的舉債空間。

美國政府的債務壓力早在一九九二年時，老布希總統卸任前就已經達到前所未見的高峰，聯邦政府加上地方政府債務，占全美GDP的比重超過百分之六十。經過柯林頓八年執政期的調整，不斷進行財稅改革，調高個人的邊際所得稅率，增加富人的稅賦，再加上這時期的全球景氣擴張，使得美國政府債務在柯林頓卸任前降至占GDP的五十以下，這時期美國的總負債還未超過五兆美元。

表5-1 美國政府債務累積餘額表

單位：億美元

年份	金額
1945	2,600
1980	9,300
1990	26,000
2000	69,000
2008	110,000

資料來源：美國財政部

從表5-1可以看出，美國政府的債務餘額不斷地在增加，且增加的速度有加快的趨勢。

然而好景不常，如今美國政府的債務竟已高達十一兆美元，占美國GDP近百分之八十，財政惡化的速度簡直令人難以想像，真不知道美國政府舉債所得來的錢，都用到什麼地方去。美國連年的軍事擴張，加上減稅法案的施行，都是拖垮美國財政的重大因素。

或許美國政府舉債都不須直接經過民眾同意，而這些人們也無法直接感受到政府巨額債務所帶來的影響，導致美國政府毫無節制的舉債行為一再發生。這些債務最終要由全美國人來共同買單，更進一步說，將由持有美元者來買單。因為滾雪球般的債務累積，終將使投資者對美國公債失去信心，同時間的美元也將因美國政府的債務壓力而持續貶值。

所謂的買單，並非叫這些美元持有者來還款，而是以購買力減少的方式，來影響這些美元和美債的持有者。屆時，破產的不是美國政府，而是持有美元資產的人們。

次級房貸事件

美國金融業非常聰明地將各種債務包裝起來，偽裝成美味可口的大餐賣給全世界，投資者購買後將包裝打開一看，才發現裡面竟然是腐臭難聞的垃圾，這時就連想轉賣出去也不可能了。

提到運用風險規避最高明的非美國金融業莫屬，他們將存款放貸出去，再包裝成證券賣給全世界的投資者。風險移轉後，自己便可不負任何風險而坐享其中的利差。像這種穩賺不賠的生意，當然引起同業間的競相仿效和開發，他們將五花八門的債務，統統捆綁在一起，然後再轉賣給全球的投資者。一般投資者，甚至專業的投資機構都搞不清楚其中在玩什麼花樣，只知道這些商品每個都擁有專業的信評機構背書、最高評級的背書，個個都接近國際大銀行的信用等級。

但是牛皮吹久了，總有被戳破的一天，當這些看似無風險的證券，到最後竟然一個個接連發生違約的情況。好一點的尚可拿回部分的投資，但絕大多數都是有去無回，投資者欲哭無淚。

這一切的發生就要從柯林頓執政時談起，為了維持美國經濟的榮景，美聯儲不斷地營造低利率的環境，讓銀行業大量放款給企業與個人。隨著房市價格的高漲，銀行業爭相放貸給看似無風險的房屋購買者，他們認為縱使購屋者付不出房貸，他們手中仍持有抵押品可供拍賣，這類型的放款風險極小。

二〇〇〇年美國網路泡沫化後，美聯儲為避免通貨緊縮的惡性循環發生，便從二〇〇〇年五月起連續十三次的降息，將聯邦基準利率從百分之六點五，調降至百分之一左右。寬鬆的貨幣政策使市場的資金極為氾濫。為了獲得較高的放款利差，金融業者爭相將資金投入次級房貸在內的高風險金融商品，進而使次級房貸的市場規模迅速擴大。

次級房貸的借款人屬於信用等級較差者，過去經常無法順利取得貸款。直到一九八〇年代的金融自由化法案，允許金融機構以較高的利率來填補風險上的損失後，才陸續有業者開始對他們提供房屋放款。

由於全球的投資資金過度浮濫，安全性資產的投資標的無法滿足這麼大量的投資資金。全球金融環境與景氣一直處於擴張階段，發生倒帳或違約的事件少之又少。所以投資者，乃至於金融機構對高獲利的風險性金融商品完全失去戒心，越來越多人參與這些高風險的金融商品投資，這導致越來越多的次級房貸被包裝成證券後，出售給全球的投資者。次級房貸業者則藉由轉售貸款後，取得不斷補充的資金，又一次地放款給其他信用不良的購房者，這樣的放款循環持續地進行，次貸的規模膨脹的速度非常迅速。

原先在美國次級貸款市場占七成份額的美國，最大次級房貸承作業者——房利美和房地美公司，這兩家公司在次貸市場的市占率為七成左右，而這兩家機構亦是由美國政府所主導。毫無疑問地，這些貸款包裝成證券出售後，該種證券也能同享與美國公債一樣最高等級AAA的評等，因為沒有人相信美國政府會發生違約事件。由於兩房證券擁有全球最高的風險評級（等同美國政府的評等），利率又較一般同等級的證券高出許多，以至於全球有成千上萬風險偏好的對沖基金、一般政府養老基金，以及投資者的競相參與。

過去，美國次級房貸的規模僅占全體房貸市場約百分之十左右，不過到了二〇〇五年，美國次級房貸占整體的比重已經達到了百分之二十。以金額來看，美國次級房貸放款規模，截至二〇〇八年底止，八年的時間次級房貸規模已暴增十倍以上，規模超過一萬億美元。隨著次貸市場規模的快速放大，後遺症也開始陸續浮現。

次級房貸會發生問題的最根本原因，在於這些購房者原本就是因收入不穩定的族群，銀行放貸給他們後，自然也無法期待他們能夠準時地如期還款。在景氣佳的時刻，他們尚且如此；在景氣不佳的時刻，發生違約的機率更是大為增加。

再加上房屋貸款通常是屬於浮動利率型的貸款，市場利率一旦有所變動，這些貸款的利率也會跟著變動。次級房貸大量承作的期間，大多處於低利率的環境，倘若沒有評估未來利率上揚，將造成還款金額變大的話，在高利率的環境底下，這些次級房貸戶發生違約的機率就會變得非常的高。

很不幸地，美國的房地產市場在二〇〇六年後就開始轉差，而美聯儲又連續十七次的升息，使得聯邦基準利率從百分之一又上升到百分之五點二五，馬上對次級房貸的購屋者形成沉重的還款負擔。許多次級房貸的借款人都無法如期還款，這些人也難以再將房屋出售，或者二次抵押以獲得融資。次貸的違約率從二〇〇五年初的百分之十左右，開始直線上升到二〇〇八年的百分之十五左右，多數人因利率的高漲而繳不出房貸來，這個數字未來恐怕還會持續惡化。

與房地產貸款相關債券價格開始直線下跌，由於這個市場的特性是買入後通常是持有至到期日為止，市場交易的情況偏冷，所以一旦中途有意要出售，往往會出現不少的折價損失。況且在這個時候，恐怕連找到有接手意願的投資者都相當的困難。

房地美和房利美是美國住房抵押貸款最大的放款業者，其住房貸款總額約為五兆美元，幾乎占美國住房貸款總額的一半。根據兩家公司發布的《年報》，受到次貸危機的影響，兩家公司在二〇〇七年一年的損失就將近一百一十億美元。隨著美國房市景氣急劇降溫，導致法拍屋件數激增，加上房地產銷售價格的慘跌，相信兩房（房地美、房利美）未來的損失仍會持續攀升。自二〇〇八年九月，兩房被接管以來，這兩家公司仍數次向美國政府要求提供紓困資金，美國財政部預估對兩房提供的資金將會超過三千億美元。

另一方面，一些原本靠著債券付息收入，來維持現金流量的歐美與澳洲金融機構，也陸續出現問題，甚至面臨破產。因為這些金融機構原本可以獲得利息的收入來源消失，甚至連本金也可能收不回來。這麼一來，持有次貸證券比重高的金融機構，就等於被宣告死亡。大量的金融機構宣布破產和清算，連帶牽動全球信貸出現緊縮。

各位知道美國大幅舉債，最終救了誰？為了讓二房不致倒閉，讓二房的所有投資者，能因美國政府的救助而獲得保障。然而，只要二房不倒，債務繼續保留，貸款人就算沒了工作也得繼續還債。拿所有納稅人的錢，去救銀行、救金融、救企業，說穿了這些都是救富人的政策。財富在這個時候已處於極端的不平衡狀態，現在各國政府的政策又全偏向富人與財團，這麼一來，財富集中的情況將更加嚴重，因為這些政策

表5-2　次級房貸事件受影響的金融機構

美國金融機構	次貸放款規模（億美元）	次貸市占率	至今情況（2009年）
房地美、房利美	1,880	31.33%	被政府接管
匯豐銀行	528	8.80%	提列巨額呆帳損失
新世紀金融公司	516	8.60%	宣布破產
花旗集團	380	6.33%	政府提供紓困
富國銀行	280	4.67%	關閉次貸部門
第一富蘭克林	280	4.67%	被美林併購
華盛頓互惠銀行	266	4.43%	宣布破產
總　　計	6,000		

資料來源：彭博資訊

是將全體的財富，再度挪向富人那邊。

從表5-2中，我們可以發現幾乎所有的大型金融機構都受到次級房貸事件的波及，其中的差別，只是程度上的差異和發生問題的早晚而已。

雖說欠債還錢是天經地義，然而政府拿全體納稅人的錢，去拯救的多數卻是富人，這似乎也不合乎公平正義的原則。更何況，現在缺乏的並不是富人的消費力，而是全體民眾的消費力。救了銀行和企業，這些銀行基於風險考量，不會擴大放款。加上企業因社會缺乏消費力，也不願意增加投資。民眾根本無法從銀行與企業中得到更多的貸款、薪資與工作機會。再加上政府不斷地舉債與增加發行貨幣，使貨幣持續發生貶值，引發物價上漲，民眾的消費力將更加薄弱，整體消費也會進一步地減少。

所以可以預見的是，歐巴馬救二房、救銀行、救企業，並無法使整體的經濟情況獲得改善。歐巴馬增加工作機會，使民眾有穩定收入，也只是延緩經濟危機的權宜措施，並不能徹底解決問題，這個情況在羅斯福的新政中就已經表露無遺。

雷曼地雷連環爆

從來沒人會預料到，一家大型金融機構的倒閉，竟然衍生出一連串的金融連鎖反應，更導致不少國際級的金融機構瀕臨破產。

從次級房貸危機爆發以來，美國就陸續傳出大型金融機構瀕臨倒閉的傳言。擁有八十年以上歷史的美國第五大投資銀行—貝爾斯登，過去歷經美國二十世紀三〇年代的大蕭條和多次經濟衰退，皆能順利地度過危機。這次卻在次級風暴的餘波下，遭受嚴重虧損、瀕臨破產，而終被收購。

然而美國第四大投資銀行，擁有一百五十年以上歷史的雷曼兄弟控股公司，也傳出現金流量不足的問題。受到次級房貸風暴的連鎖效應影響，雷曼兄弟的虧損十分嚴重，現金流量明顯不足，該公司股價出現連續性的暴跌。為了尋求一線生機，雷曼兄弟大幅裁員，並尋求國際間可能的金主奧援。

二〇〇八年九月初，雷曼兄弟公布虧損數字高達四十億美元以上，這已是雷曼兄弟成立以來，所遭遇過最大的虧損，而股價相較於年初已暴跌了近九成。隨後雷曼兄弟與南韓發展銀行進行收購談判，但卻未能獲得任何結果。

雷曼兄弟的財務問題持續惡化，為了自救，雷曼隨即公布一份重大計畫。計畫中將出售該公司的投資管理業務，並拋售房地產相關資產，力圖使投資者相信，雷曼不會像貝爾斯登一樣被人收購，即使遭遇嚴重的虧損，它依然能夠順利存活下來。

雷曼陸續轉讓數百億美元的資產，以及將旗下的重要部門轉賣給其他的投資公司。然而這一切的行動，看在同業眼裡，無疑只是垂死前的掙扎。對於此計畫，幾家國際大型金融機構與投資公司都興趣缺缺。況且雷曼將公司主要的獲利來源，都出售轉讓給他人以後，雷曼後續要靠什麼來維持獲利？雖然短期內可以獲得大筆資金來解決燃眉之急，但這種解決方式卻無疑是飲鴆止渴，因此未能獲得其他同業的認同與支持，也是理所當然的事。

由於美國政府遲遲不肯伸出紓困的大手，雷曼兄弟只能再積極尋求其他出售或是被併購的機會。二〇〇八年九月十五日，在後續的談判中，美國銀行與英國巴克萊銀行相繼放棄併購雷曼兄弟，雷曼兄弟公司眼見無法起死回生，只能向法院聲請破產保護，該聲請所顯示的負債總額超過六千億美元。由雷曼兄弟所發行或擔保的相關證券，總值超過二千億美元，據相關機構預估，因雷曼倒閉而導致損失的金額將超過一千五百億美元，全球的投資者此時欲哭無淚。一些國家的政府，如日本、香港等，甚至主動要求凍結雷曼在其境內的相關資產，以使投資者能獲得些許的補償。

在雷曼兄弟宣布破產的同時，全球最大的證券商美林證券，竟也因虧損累累而被美國銀行併購，這兩則消息震撼了全球的投資者。美林證券成立至今將近一百年，然而二〇〇八年也同樣遭遇到與雷曼兄弟一樣的嚴重虧損，美林在過去三十年間全部的獲利約五百億美元。就在短短的一年內，其資產減損與相關的投資損失累計就超過了五百億美元。在這種情況下，任何再有規模的公司也禁不起如此嚴重的虧損。美林雖然預測到美國即將步入衰退，然而由於自身早已深陷泥沼當中，也同樣無法擺脫破產或是被併購的命運。

由於世界著名的金融機構，陸續因為現金流量不足而被迫合併，或者宣布倒閉，為了預防雷曼兄弟公司倒閉的情事持續上演，歐、美等國十家重量級銀行，於是宣布成立一個七百億美元的資金池，開展自救的行動。這十間銀行每家銀行各提撥七十億美元進入這個資金池裡，假如這十家銀行有資金上的需求，每家銀行最多將可借入資金池裡總金額的三分之一。隨著其他銀行陸續加入這個自救計畫，資金池裡的金額仍在持續增加當中。

在雷曼兄弟事件的後續發展中，還發生了一件有趣而離譜的插曲。德國的一家銀行——德國國家發展銀行，竟然在雷曼兄弟聲請破產當天，還自動匯了三億多歐元給雷曼，這樣的舉動被稱為是全球最蠢的銀行。

為此，德國官員和民眾簡直氣炸了，德國檢察官還主動對這個事件進行調查。該公司高層竟還無辜地大喊說：銀行的匯款作業都是自動設定好的，時間一到就會自動匯好相關的應付帳款！可見銀行體系內部的確存在許多問題。

次貸風暴裡的冤大頭

受到次貸影響的，不只是那些直接的投資者，就連其他未投資雷曼商品的金融機構也受到嚴重的波及。

雷曼兄弟的破產讓許多人感到意外，究竟是什麼樣的力量能讓這家歷史悠久的華爾街大鱷瞬間遭到毀滅！

其實這個問題恐怕連專家都不易回答，從某種意義上說，雷曼兄弟垮台的直接原因，恐怕就是承作過多的衍生性金融商品所導致。雷曼承作的其中一項主要金融商品，就是CDS（credit default swap）信貸違約交換。CDS用最簡單的話來說，就是幫債務承作擔保，也就是說CDS是一種貸款保險的合約，假如貸款人還不出貸款時，承作CDS者就必須負責償還貸款。

CDS市場的規模據估計，在二〇〇〇年時為六千三百億美元，到了二〇〇七年底已達到巔峰的六十二兆美元，此一數字已超過全世界的GDP總額（二〇〇六年的統計為五十九兆美元），CDS的規模在七年的時間內總共成長了近一百倍。CDS這個名詞也開始像次級房貸與紓困等名詞一樣，變得耳熟能詳。令人感到害怕的是，次級房貸的規模只有一點三兆美元，而CDS的市場規模卻超過次貸規模的五十倍，這個規模相當於美國GDP的四倍。而雷曼兄弟就是市場上最大的CDS玩家之一。

CDS交易風險很大的原因在於，這種商品的價格波動性特別高，一天之內漲跌的幅度有時甚至超過一倍以上。在這個市場中的交易，玩的就是保證金制度，假如以五百億美元的規模來計算，漲跌百分之五的保證金，就是二十五億美元。有時看錯方向，一天之內就有可能被迫繳交一倍以上的本金，本來數十億美金對一家國際級的投資銀行來說算不了什麼。但在手上資金短缺的情況下，還要拿出數十億美元的保證金，這下子可能就會要了他的命。

從次級房貸風暴開始，美國國際集團（AIG）就注定要倒大楣，原因無他，因為他做了一件任何人都不會想做的事，那就是承作非常大量的CDS信貸違約交換。事實上，CDS就相當於幫債券持有人購買違約保險。賣出CDS的一方，在收了保費之後，就必須承擔相應的違約賠償義務，也就是說CDS是一種保險合約，而保險公司就是負責保險的部分。假如債務人還不出錢來，保險公司就要賠錢給債權人，當時AIG就是全世界規模最大的債務擔保人。

保險公司最怕的是什麼？就是面臨需要應付大筆賠款的時候，假如手中現金無法支付賠款，那保險公司就會面臨倒閉的命運。次貸風暴發生後，AIG集團在幾個月內的賠款，至少超過了一千億美元！可怕的是，AIG究竟承作了多少規模的CDS，詳細的數字至今外界無從得知。我們假設AIG只承作了一兆美元，只要出現企業倒閉，數字仍不斷地浮現，光是AIG這一家，就算美國政府把七、八千億美元的紓困金額全部都拿出來還不夠賠！

但是美國政府不得不救助AIG，因為只要AIG一倒，所有由CDS構成的複雜網絡也會發生連鎖反應，使這些持有大量CDS的其他大型金融公司也會跟著倒閉。到最後，美國政府終於出手拯救AIG，當時美國政府提供的援助金額就高達八百五十億美元，於此同時，美國股市卻以大跌收場，顯示投資人對整體金融市場的不安。

雖然美國政府已經提供如此大筆金額的援助，但AIG的虧損卻仍像滾雪球般地越滾越大。AIG在二〇〇八年第三季公布的財務報告中，列出了當季虧損的金額竟高達二百四十五億美元。至此，美國政府又繼續援助AIG，其援助資金總額早已超過一千五百億美元。看到這裡，與其說這些金融機構是冤大頭，不如說他們是名副其實的大賭徒。

SIX

全球化的連鎖反應

全球化使各國可以各盡職能，專心做自己最擅長的事。
然而，也因為全球化，使各國在這場世紀危機之下，
幾乎無一倖免地捲入這場災難。

美國金融業的危機

金融業的連鎖反應並未隨著美國政府的紓困就此打住，全球金融業反而持續發生倒閉的危機。

縱使美國政府已經察覺到事態的嚴重性，並開始想方設法去協助其他即將發生問題的金融機構。然而，金融問題卻仍不斷地延燒中。根據美國聯邦儲蓄保險公司（FDIC）的資料顯示，早在一九九〇年，共有千餘家的存放款機構倒閉。而FDIC在二〇〇八年已經接管了美國二十五家的地區性銀行，到了二〇〇九年初又陸續接管二十幾家銀行。另外，有將近二百家銀行被列入「問題銀行」名單中，隨時都有可能因為現金流量不足而被接管。

FDIC所承保的金融機構總共有八千多家，總資產規模達到十三兆美元，全面的存款總額約九兆美元。然而不幸的是，FDIC的存款保險準備金在二〇〇八年已經用掉超過百分之三十，剩下的資金不到三百億美元。過去在一九八九年時，美國國會批准成立重組信託公司（RTC）來挽救銀行接連倒閉的亂局，原先所投入的資金僅為五百億美元，但其後因金融行業情勢不斷惡化，不得不對RTC持續注資，最後總共花去近一千二百億美元。依照一九九〇年的情況來看，現在FDIC的剩餘資金絕對無法應付將來可能發生的倒閉問題。

雖然美國大型金融集團已經有所警覺，並且紛紛拋售手中資產，以換取更多的流動資金。小布希政府在二〇〇八年年底，已經向美國的金融業注資超過三千五百億美元。這三千五百億美元的效果，卻僅只能防止美國金融體系的瓦解，並沒有扭轉金融體系不斷惡化的情勢。持有美國金融業股票的投資者擔心，最終政府不得不將所有的銀行國有化，屆時所有的銀行股東將被徹底掃地出門。

雷曼倒閉的餘波並未就此打住，現在連全球最大的金融服務集團——花旗集團都無法避免巨額的虧損。花旗集團光是二〇〇七年第四季就虧損將近百億美元，為此花旗還大幅裁減集團員工，全球裁減人數達到四萬人之多。隨後的五個季度裡，花旗虧損金額超過二百億美元。為了避免步上雷曼兄弟被清算的後塵，花旗積極尋求美國政府的協助，而美國政府為了防止金融情勢繼續惡化，同意以購買花旗優先股的方式來替花旗注入資金，總計美國政府所購買的優先股金額為四百五十億美元。所謂的優先股，就是相較其他普通股，優先獲得分紅的機會，但優先股無法像普通股一樣，可以對公司重大事項進行表決。

由於花旗集團的規模實在太大，而且虧損仍在持續擴大，四百五十億美元的資金只能應付短暫的現金短缺問題。不只是花旗，就連當初意氣風發、併購美林證券的美國銀行，也成為美國政府紓困的對象。美國政府同樣以購買優先股的方式，將幾百億美元的資金注入美國銀行。因為這兩家在全球金融業具有舉足輕重的地位，美國政府不得不著手進行拯救。

這兩家金融機構（花旗與美國銀行），因為大幅虧損而陷入危機的同時，股價也跟著大幅下挫，兩家銀行的股價都跌至二十年來的最低點。美國政府又是以購買股權的方式，來挽救這兩家銀行免於破產的命運，此時美國政府已成為這兩家金融機構的最大股東。目前美國政府在這兩家銀行的持股仍持續增加，因而引起市場對於銀行國有化的疑慮。

近來各界擔心美國將出現所謂的「殭屍銀行」，這個名詞最早是用來影射日本一九九〇年代房地產泡沫化後，日本的銀行因為民眾繳不出貸款而導致銀行瀕臨破產，但日本政府不想讓銀行破產，持續對銀行提供資金挹注，到最後銀行只能靠政府不斷地挹注資金才能存活。也就是說，這樣的銀行缺乏自行獨立營運的能力。

表6-1　歷次金融危機美國銀行倒閉家數

時　　期	美國銀行倒閉家數
大蕭條時期（1929～1939）	約10,000家
中東危機（1987年～1991年）	1,900家
次貸爆發至今（2007起）	超過50家

從上表可看出，每次的金融危機都會有為數不少的銀行倒閉，因為銀行本身的現金流量不足，加上彼此之間都有或多或少的債務和投資的關係，使得一家銀行倒閉之後，就會引起另一家倒閉的連鎖反應，其中的差別只在於規模大小的不同而已。小銀行不見得就會倒閉，而大銀行也不見得不會破產。

然而，美國相關單位卻不斷地反駁這樣的論調。一直以來，美國始終強調市場經濟與自由競爭，所以美國絕不能走回頭路。基於這種信念，美國政府極不可能將花旗與美國銀行納入公營體系內，而是否持續紓困使其納為國有，抑或是放任其自生自滅而引發連鎖反應，這恐怕是歐巴馬上任以來，所遇到最難處理的問題。

美國不動產分析機構甚至指出，未來三到五年之間，恐怕有高達千家以上的銀行將會倒閉。這個數字幾乎是一九九一年以來，美國金融機構倒閉數量的二倍以上，而這些銀行倒閉的主要原因，乃是因為不動產貸款無法回收的損失所造成，目前許多已經倒閉的銀行，都是因為放款出去的客戶無力按時償還債務所引起的資金流動不足而導致破產。在一九九〇年代以後，美國政府曾接管超過五百家的銀行存放款機構，如今這個數字將在未來幾年被打破。美國金融體系尚未爆發出來的損失還有數千億美元以上，而這些損失最後的承擔者將是所有銀行股票的持有人，以及全美國的納稅人。

全球金融業的骨牌效應

從美國金融業陸續發生危機開始，因為彼此緊密的交互投資關係，歐洲各國大型金融集團，也陸續發生流動資金不足的危機。

由於全球金融自由化的關係，各國大型金融機構幾乎都成了美國金融商品的大客戶，也成為此波金融風暴下的犧牲者。自美國的金融機構持續出現危機，甚至破產以來，華爾街各大銀行幾乎均為這些問題機構的債權人，而歐洲各國的重要銀行也是其債權人之一。在二〇〇七年年中，美國最大的房貸業者——新世紀金融公司（New Century）聲請破產保護，高盛公司、瑞士信貸、摩根士丹利、德意志銀行、英國巴克萊銀行等，都在該公司擁有巨額的放款或是擔保。全球第三大的金融服務集團——匯豐銀行，早已身陷次級房貸的風暴，幾乎每家倒閉的大型房貸機構，匯豐銀行都參與為數不少的金融放款。

由於每一家金融機構皆有其固定的放款對象，以及回收資金的來源，手中的現金存量必然不會太高，倘若其主要放款對象接連發生危機，放款無法按時回收，銀行裡的現金流量馬上就會發生問題。歐美的銀行業，在過去已經歷經多次的整併，一些主要的銀行其規模皆變得相當龐大。這些全球知名銀行獲利情況也相當穩定，經常被視為投資或是放款的最佳對象。相互放貸的結果，只要其中一家銀行出現問題，其他體質較差的銀行也會馬上出現問題，骨牌效應似乎只是時間早晚的問題而已。

英國第五大的房貸銀行——北岩銀行（Northern Rock），總資產規模約為二千億美元，在英國的信貸市場占有率接近百分之二十。過去這家銀行一直擁有良好的獲利情況，但是受到次貸風暴的影響，北岩銀行的資產品質迅速惡化。消息一出，存款戶嚴重恐慌，在短短幾天內馬上提走了二十億英鎊的現金，若英國政府再坐視不管，該銀行恐怕得立刻關門大吉。

英國財政官員緊急出面做出保證，保證所有存款戶的存款都能獲得保障，這才平息了擠兌的風波。隨後英國政府馬上協調其他業者，商討後續併購事宜，不過由於遲遲沒有業者願意接手，英國政府最後只能宣布將北岩銀行納入政府體系內，這也是英國近二十年來的第一起銀行國有化案例。被收歸國有的北岩銀行隨後公布其虧損的金額高達五億英鎊，而英國央行為了維持該銀行的正常運作，已經在該銀行挹注了二百四十億英鎊的貸款。

然而，英國銀行業的壞消息恐怕不僅只於此，英國銀行業在次貸風暴中受傷不輕，整體銀行業的虧損持續擴大。英國第二大銀行——蘇格蘭皇家銀行（RBS）虧損金額也高達二百八十億英鎊，這個虧損是該行成立以來，虧損幅度最慘的數字。為了自救，除了持續裁員外，該行也將出售高達一兆英鎊的資產，以使資金不足的壓力獲得減輕。

為避免銀行業發生連鎖反應，英國政府在二〇〇八年將三百七十億英鎊注入銀行體系內。其中蘇格蘭皇家銀行也獲得二百四十億英鎊的注資，但英國在該行的持股比例已經高達七成，這家銀行也成為名副其實的國有化銀行。英國自爆發危機以來，其國內銀行被兼併或國有化的數量居全歐之冠。截至二〇〇八年底，英國主要的銀行，北岩銀行、賓利銀行、蘇格蘭皇家銀行和勞德茲銀行等，由於虧損幅度過大，銀行內現金流量嚴重不足，最終英國政府以購買股權的方式注資，或是直接接管。英國政府在後續的計畫中，將為英國銀行持續增加五千億英鎊的資金挹注，其中一千億英鎊用來購買銀行債券，另外四千億英鎊則為銀行的問題資產提供擔保。

在英吉利海峽的對岸，金融惡化的情況同樣也好不到哪裡去。歐洲一家大型金融服務機構——富通銀行（Fortis），於二〇〇八年九月，也發生現金流量不足的問題而瀕臨破產。比利時、荷蘭和盧森堡政府一同商討決議共同注資一百一十二億歐元，以協助該銀行擺脫破產的命運。該銀行的股價從財務問題爆發後，一週的股價就大跌百分之二十五。這項注資計畫，以比利時注資最多達四十七億歐元、荷蘭四十億歐元、盧森堡二十五億歐元，並隨後取得富通銀行在該三國各百分之四十九的股權。在富通銀行二〇〇八年的財務報告中，也出現高達一百九十億歐元的虧損數字。

沒過多久，全球資產高達六千億歐元，全球第十大金融集團——德克夏集團（Dexia），也因受到次貸風暴的牽連而出現危機，比利時、法國和盧森堡則挹注六十四億歐元到這個集團中，以解決其燃眉之急。緊接著，德國第二大不動產貸款銀行——海波銀行（Hypo Real Estate）也驚傳財務危機。為了避免骨牌效應的發生，德國政府緊急與銀行團協商，決定向該行注資高達五百億歐元。原本銀行團願意拿出三百五十億歐元來對海波銀行進行紓困，不料最後卻以各種理由抽腿拒絕注資，讓這個紓困計畫破局。

德國政府擔心，一旦海波銀行破產，將形成像雷曼兄弟所引發的連鎖反應一樣。因而再次邀集銀行團進行磋商，終於達成共識，除了原本的三百五十億歐元外，再加碼一百五十億歐元，達成總額高達五百億歐元的貸款計畫，這個計畫創下德國有史以來最高的紓困金額。此外，為了進一步保障海波銀行的穩定性，德國政府首次出面保證該銀行所有的存款將獲得政府的保障，而該行的存款總金額高達五千六百八十億歐元。

我們可以看到，不論銀行的規模有多大，過去的績效有多好，只要在投資或放款的過程中，沒有考慮到後續可能發生的問題，則在危機發生後，就容易受到波及與影響。全球化雖使各國的資金更容易相互流動，卻也使得大型的金融集團肆無忌憚地向外拚命擴充，並將資金投入各式各樣的金融商品，到最後卻落得破產的下場，或是被紓困的命運。

各國信用危機

次級房貸發生後，不但大型金融機構出現問題，就連國家信用也發生危機。

冰島

從次貸風暴以來，不僅是銀行業與各大金融集團接連出現狀況，就連一些原本經濟看起來還不錯的國家，也面臨嚴峻的打擊，甚至嚴重到信用破產。其中，最早爆發危機且問題最為嚴重的，就是北歐的小國——冰島。冰島這個原本與世無爭的小國家，在二〇〇七年十一月時，還榮膺全球最適宜人類居住的國家，不到一年時間卻風雲變色，不僅成為國際性金融大國的規劃破滅，還成為這波金融危機中第一個信用破產的國家。

冰島過去經常被視為是北歐五國中的一份子，當時仍是一個靠捕魚為生的窮國。

如今的冰島，已經是一個高度發展的已開發國家，擁有全球排名第五的國民生產總值，人均國內生產毛額（GDP）突破六萬美元，以及全球排名第一的人類發展指數。冰島過去經濟主要依靠海洋漁業，並提供冰島百分之六十的出口收入。從一九九〇年代開始，冰島開始實施金融自由化，冰島股價指數（ICEX）在一九九四年是歐洲表現最為亮眼的股市，冰島銀行與公司甚至到歐洲各國去大肆併購。

冰島二〇〇七年的人均GDP約一百四十億歐元，冰島央行的流動資產約四十億歐元，但冰島四大銀行的外債總額卻高達一千億歐元。就在次級房貸風暴擴散之際，冰島國內銀行開始接連發生問題，就算冰島政府有心想要紓困，也是心有餘而力不足。人口約三十萬的冰島，其國內前幾大銀行陸續被冰島政府接管，冰島政府甚至向俄羅斯尋求資金援助，無奈俄國自身難保無能為力。

冰島無力償還外債，等同國家信用破產，冰島股價指數過去最高曾經達到近九千點，如今已剩不到三十點，冰島股市的投資者可說是血本無歸。冰島幣也開始出現連續性的重貶，有時一天貶值幅度就超過百分之十，至今冰島克朗兌美元貶值幅度已超過百分之五十，不過這僅僅是參考數字。除了到冰島旅遊外，沒人願意繼續持有冰島幣，以免遭受嚴重的匯兌損失。隨著冰島幣的狂貶，冰島國內物價開始大幅上揚，更有人開始囤積民生物資，加油站也大排長龍，唯恐貨幣貶值後，缺乏足夠的現金來購買生活用品。

貨幣象徵一個國家的財富，匯率的變化也代表一個國家財富的變化。經濟越活絡的國家，貨幣的使用量也越高，貨幣的需求必然也會跟著增加。貨幣的匯率變化完全來自於貨幣的供給與需求兩者之間的變化來決定，就算貨幣的供給增加，只要貨幣需求量增加得更多，貨幣在國際市場上依然會表現強勢，就像過去的美元一樣。但是相反的，若經濟已經疲弱不堪了，國家卻仍然不斷地發行貨幣，這樣就會讓一般民眾陷入經濟的困境（收入變少後，物價卻持續增高），就如同現在的美國一樣。

其實冰島危機發生的原因很簡單，在高額的舉債所創造出來的繁榮，其經濟背後最大的支撐就是現金流量的依賴，一旦現金流量出現問題，馬上就會發生如骨牌效應般的危機。舉例來說，如果你只有一元，卻向人借了十元去投資，現在你的每月收入是一元，但你每個月都必須還一元給別人。一旦你的收入小於一元，而且投資的十元也大部分拿不回來時，你很快就會面臨還不出錢的窘境。冰島現在就是這樣的情況。

冰島的破產完全暴露出現代經濟運作的缺陷，就連一個國家都會陷入破產危機。陷入危機的冰島，除了到當地旅遊的人，沒有人會想要兌換冰島幣。那麼過去持有冰島幣的人，若想將它兌換成其他貨幣，自然就要被迫接受極低的兌換價格。

英國

英國是工業革命的發源地，過去也因殖民的關係而號稱為「日不落國」，如今的英國卻極有可能像冰島一樣，陷入極嚴重的信用危機。英國國家統計局的報告指出，二〇〇八年第四季英國的人均國內生產毛額（GDP）下跌百分之一點五，創下近二十年來最差的紀錄。英國是資本主義的鼻祖，在此次全球金融風暴下，竟變得如此不堪一擊，並很快地陷入經濟衰退，實在令人大感震驚。

由於英國政府陸續將英國國內幾大銀行納為國有，英國國家統計局估計，英國政府的公共債務，將增至二兆英鎊以上。這個消息使投資者開始對英國失去信心，嚴重的債務問題也馬上反應在英鎊的匯率上。從二〇〇八年年中開始，英鎊兌美元就開始持續地貶值，半年內貶值幅度接近百分之二十五。由於金融行業的產值，占英國國內總產值近百分之十，因此英國經濟對金融的依賴程度相當高。這一波的全球危機又是由金融業所引起，這樣的經濟結構使英國經濟遭受嚴重打擊。

目前英國開始出現嚴重的經濟衰退、貨幣貶值，以及企業倒閉等現象。伴隨英國經濟衰退的，則是房屋價格大幅下跌與失業人口激增，普通家庭的實際收入正在持續地減少當中。二〇〇八年十二月份的英國消費者指數（CPI）大幅下降百分之三點一，英國的消費力正在快速地消失當中。很多人已無力償還房屋貸款，二〇〇九年，英國更將有五十萬人以上，因無法按時繳納貸款，而面臨房屋被法拍的命運。越來越多的英國人陷入債務的深淵，他們不得不勒緊腰帶努力撐下去。

英國政府本身的債務累積也相當嚴重，英國政府的國債占GDP比重超過約百分之五十，如果銀行繼續發生問題，政府仍持續進行紓困的話，那麼英國也極有可能面臨與冰島一樣的信用破產危機。

南韓

南韓過去的經濟發展十分令人稱羨，也是亞洲四小龍（台灣、香港、新加坡、南韓）之一。南韓的許多產業如記憶體、液晶顯示器、手機、汽車，以及造船等，在全球都具有舉足輕重的地位。一九九七年發生的亞洲金融風暴，對南韓經濟造成嚴重的打擊。當時韓元兌美元匯率大幅貶值，經濟增長率一度低於負百分之五，成為過去南韓四十年來最大幅度的經濟衰退。南韓銀行業在該次金融危機中所遭受的損失，也達到了前所未有的十四兆韓元以上。最後南韓不得已，只能向國際貨幣基金組織（IMF）求助，並接受其極為嚴苛的援助條件。

二〇〇〇年以後，南韓逐漸擺脫金融風暴的陰霾，經濟又開始恢復成長。到了二〇〇七年，南韓的人均國內生產毛額已經超過二萬四千美元。南韓在二〇〇一年，就已經全部償還了國際貨幣基金組織所提供的三百億美元巨額貸款。南韓的外匯存底從一九九七年的三十多億美元，一直增加到現在的二千三百多億美元，甚至超越了香港。一直到二〇〇六年為止，南韓的經濟增長幅度平均都保持在百分之五以上。外國直接投資的金額持續增加，超過過去三十年的總和。

然而好景不常，南韓好不容易脫離過去金融風暴的陰影，想不到沒隔幾年馬上又遇到次貸風暴。雖然南韓的外匯存底持續增加，不過南韓外債增加的速度更是驚人。南韓這個藉大量舉債來快速創造經濟成長的國家，次貸金融風暴為其帶來非常沉重的壓力。韓國的外債總額，自一九九七年的一千七百七十四億美元，持續增加至二〇〇七年將近二千五百億美元，占南韓GDP比重約百分之十八，其中短期外債又占全體外債比重達百分之四十六點六。南韓外債占GDP的比重甚至超過當年發生九七金融風暴時的泰國，其金融情勢危急的程度可想而知。

金融危機開始進一步削弱南韓的經濟實力。二〇〇八年十一月起，南韓的出口數字下滑了百分之十八點三，是過去七年來的最大跌幅。同時，南韓的失業率更高達百分之十六點一，家庭所得急劇惡化。因韓元大幅貶值，導致的進口物料成本的高漲，更使得南韓的家計維持越發困難。

由於南韓的短期外債比重極高，加上國際資金市場急凍，南韓想要從國際市場中獲得融資或展延到期債務，可說是十分困難。南韓也跟其他發生信用危機的國家一樣，股匯市的反應十分劇烈，自發生危機以來，南韓股匯市都有近五成左右的跌幅，韓元兌美元匯率一下子從一千比一，跌到一千五比一。短期外債數字驚人，加上貨幣大幅貶值，使得清償債務變成一項艱鉅的挑戰。南韓的金融處境十分危險，也因此許多學者專家都研判，南韓極有可能就是下一個冰島。

自一九九七年亞洲金融風暴以來，韓國持續面臨著嚴重的外債問題。然而時至今日，韓國不但未能迅速清償債務，反而變本加厲地向外舉債來進行投資。在景氣好的時候，舉債投資或可讓投資收益加倍成長；但是一旦景氣反轉下滑，舉債投資的行為不但無法增加收益，反而讓自己深陷債務的漩渦裡。韓元的重貶，加速韓國外債清償的困難，貨幣每貶值百分之十，就象徵未來要償還的外債也跟著增加了百分之十，這樣的情況讓韓國的償債危機越來越嚴重，未來南韓政府恐怕難逃再次向國際貨幣組織（ＩＭＦ）求助的命運。

新興國家債務越滾越多

不單是向外國銀行或投資機構借錢，會使本身的債務增加，即使是自身貨幣的貶值，也會使得債務問題越來越嚴重。

中南美、東歐等新興國家，在過去曾經享受到因投資所帶來的高度經濟成長，如今卻也要面臨沉重的債務壓力。全球股市暴跌讓陷入困境的東歐經濟雪上加霜。全球金融危機一發不可收拾，更導致全球經濟的衰退。新興國家想依賴已開發國家的消費，來恢復自身經濟的一絲希望，最後也宣告破滅。

原本這些新興國家，就是依靠美國以及其他已開發國家的強勁消費力而崛起。如今全球經濟活動出現停滯、出口貿易疲弱，加上海外投資大量撤離本國市場，都嚴重影響到新興國家的經濟成長。現今新興國家面臨全球的金融緊縮，外部融資管道嚴重惡化、外債清償問題變得十分棘手。

全球知名投資公司——摩根，預估二〇〇八年新興國家總共有三千億美元以上的貸款與債券即將到期，其中又以俄羅斯與南韓的債務金額最高。在海外融資管道緊縮的情況下，西方各國銀行自身難保，新興國家將面臨無錢可還的信用危機。

一些負債比較高的國家如東歐的匈牙利，其外債占國內生產毛額（GDP）的比重更超過百分之六十，如果沒有外國資金持續融資，該國將面臨信用破產的命運。由於海外投資者持續將資金從這些國家中撤離，導致許多新興國家中，債務負擔較重的國家遭受嚴重衝擊。這些國家的貨幣匯率，也出現了數十個百分點的跌幅。嚴重的貿易赤字也是這些國家的隱憂，像是拉脫維亞的經常帳赤字已占GDP百分之二十以上，經濟惡化的情況令人擔心。

為了避免這些國家信用破產後，出現不良的連鎖反應，國際貨幣組織（IMF）緊急通過高達千億美元的援助方案，以協助這些新興國家恢復金融穩定。不過這項援助計畫，並非所有新興國家都能夠得到幫助。假如該國在IMF的貸款紀錄中有不良的紀錄，就可能無法獲得這項貸款。像是阿根廷過去經常出現逾期不還的情況，便無法再向IMF取得貸款，這種情況跟個人的信貸紀錄非常相似。

按理說債務應該會越還越少，不過新興國家的債務卻是越還越多！因為他們借的款項並非以本國貨幣來計算，而是以外國貨幣計價，所以這中間會有兩個關鍵因素影響到未來這些國家的債務數量，其中一個是利息，另一個則是匯率。在經濟擴張時期，借來的錢拿去投資，多半能夠獲得相當不錯的報酬率，這些報酬率也經常大幅超過利息的負擔。然而在景氣不佳的時刻，不但利息支出賺不回來，甚至可能連本金都會不保。在利息負擔越來越沉重的同時，本國貨幣的重貶更可能讓這些新興國家出現沒錢可還的信用危機。

舉例來說，假如這些國家借款的利率是百分之十，如果以本國幣計算的話，那還沒什麼問題，利息百分之十就是百分之十。然而，如果將債務換成外幣的話，每當本國幣貶值百分之十時，不但本金償還會增加百分之十，就連貸款的利息也會增加百分之十。

也就是說，假如你借了一百元的外幣，原本本國幣兌外幣是一百比一，現在貶值百分之十，變成一百一十比一，那麼本來你只需償還一萬元（一百乘以一百）的本國幣，現在卻變成要還一萬一千元（一百一十乘以一百）。所以本國幣貶值的幅度越大，對於借外幣的人就越不利。相對的，假如本國幣兌換外幣是持續升值的，那麼就會對於借外幣的人比較有利。因此，隨著本國貨幣貶值幅度的持續擴大，這些新興國家也就越還不出錢來。

還有一件重要的事，欠錢總是要還的，如果像阿根廷總是欠錢不還，那麼就連ＩＭＦ這樣的國際貨幣機構，也同樣不會再對它提供經濟援助。這種情況就很像那些有不良紀錄的持卡人一樣，有了不良紀錄以後，銀行就幾乎不可能再借錢給這些人。

神經錯亂的日圓

貨幣在短期上的表現並非全取決於國家經濟的狀況，而是大量的資金移動所造成，資金回流潮造成日本經濟狀況不佳，日圓卻大幅度升值的怪異現象。

金融海嘯持續席捲各國，全球主要國家的貨幣兌美元匯率紛紛大跌。這時卻發生了一件怪事，那就是日圓竟然不貶反升，升值的力道與幅度十分驚人。日圓升值的現象，讓人百思不得其解，難道日本國內藏有什麼驚人的寶藏，能讓大筆資金不斷地湧向日圓。

在二〇〇七年六月次貸風暴越演越烈之際，日圓就開始出現反常的升值現象。到了二〇〇七年底，日圓已經從原本一百二十日圓兌換一美元，大幅升值到一百日圓兌一美元，這種現象令許多人摸不著頭緒，還以為是日本經濟環境穩定，使日圓成為資金的避風港。就在眾人認為一百日圓兌換一美元，是日圓升值的最大限度之際，想不到日圓在二〇〇八年仍持續向上挺升。二〇〇八年全年，日圓的升值幅度將近百分之二十，並不亞於二〇〇七年的升值。

然而，隨著美聯儲不斷調降基準利率，最低利率達到百分之零點二五，全球主要發達國家的利率，也跟著大幅下調。日圓升值的秘密已經呼之欲出，日本這次大幅升值的主要原因，並非是日本經濟前景有多看好，經濟實力有多堅強，而是過去大量的套利資金回流所導致。就像鮭魚群回游產卵一樣，聲勢非常驚人。

日本從九〇年代的經濟泡沫化以來，一直未能走出泡沫化的陰影，經濟十幾年來持續低迷不振，日本央行始終維持零利率的政策。大筆現金擺放在銀行沒人借貸，銀行借貸的利率相當低。從二〇〇四年以來，美聯儲、歐洲各國與澳洲等央行持續提高利率，而日本央行卻一直將利率保持在極低的水準，日本與世界其他各國的利差有時更高達百分之五以上。在十六種主要貨幣當中，以日圓的利率是最低的。相對於全球一些國家的高利率，日本的低利率現象顯得十分地不協調。

不久，有人開始把腦筋動到這裡來，那就是向日本銀行借入低成本的資金，匯出國外去存放高利的定存，中間的利差就是這些套利者的獲利來源。由於這種套利模式，在當時看起來幾乎是穩賺不賠的生意，因此吸引越來越多的交易者進入，而其中竟然還包括一些過去被視為相當保守的日本家庭主婦。這些家庭主婦經常是家中資金的保管者，可能是受到少數在海外投資獲利的婦女影響，竟然也開始跟著將家中的資金，匯到海外去進行投資。由於在日本定存幾乎沒有任何利息，越來越多的家庭主婦開始將儲蓄轉為外幣投資。

在日圓上進行套利的交易者越聚越多，交易規模也越來越龐大。根據日本央行所公布的數據顯示，二〇〇六年匯往國外的投資資金成長將近百分之三十。日圓低利環境所造成的套利交易模式，外資銀行透過日本當地分行，光一日就可以匯出高達二十二兆日圓進行海外投資，刷新歷史的最高紀錄。而全球每日的日圓套利交易金額也高達好幾十兆日圓，要是連個別投資者交易也算在內的話，平均每天有近四十兆日圓的套利交易。

不過隨著次貸風暴的持續擴大，各國的定存利率大幅度向下調整，日圓的套利模式便很難再繼續進行下去。日圓與各國的貨幣利差越來越小，日圓與其他貨幣的利差，再扣掉匯差與避險成本，利潤幾乎所剩無幾，甚至還可能要倒貼給別人。如此一來，龐大的資金潮就像鮭魚回游一樣，快速從各國貨幣轉換成日圓回流，並進而引發日圓的快速上漲。

國力是維持一國貨幣強弱的指標之一，國力的強盛就表示各種活動包括經濟活動都非常暢旺，不論是出國旅遊換匯，或是貿易需求等等，這些都會使貨幣的需求增加，並使貨幣在國際匯兌市場上表現強勁。

然而，貨幣在短期上的表現，卻又不一定是由國家的經濟實力來決定。因為經濟實力總的來說，比較屬於是一種長期的表現，不見得所有的經濟活動，都會馬上反應在貨幣的匯率上面。貨幣匯率的短期波動，仍是由每一階段裡貨幣市場的供需情況所決定。

過去日本長期處於低利率的環境底下，與其他國家如美國、澳洲、南非等國家利率，存在著非常大的存款利差，引起日本民眾、企業，乃至於國際避險基金等，興起了套利的念頭。也就是向銀行借日圓，匯到國外去存外國定存，以賺取更多的利息。

但是好景不常，隨著金融危機的爆發，美國消費力的急速下滑，美國聯準會為了刺激經濟，因而大幅調降聯邦基準利率，從百分之五點二五一路調降至百分之零點二五，其他國家央行也追隨美國的腳步，大幅調降基準利率，使日本與其他國家的利差空間不復存在。這些過去大量從日本匯出的套利資金，自然沒有繼續留在國外的理由。

日圓的回流潮不單引起日圓大幅度升值的異常現象，這股資金回流潮還陸續在全球，甚至日本本地引發經濟災難。其中最令人關注的，就是全球股市的大幅下跌，竟然也是由這股資金回流潮所引發的重要因素之一。先前日本資金大舉匯出，轉投入各國的銀行定存與股市中，以及投資各式各樣的金融商品。經由這些資金的帶動，各國股匯市一片欣欣向榮，促進了當地的經濟活絡。既然股匯市是由這些資金注入所帶動，那麼當這些資金又再度離開的時候，自然又會引起各國股匯市的相繼崩跌。全球主要工業國家的股匯市接連重挫，我們不得不懷疑，這是由這股日圓回流潮所引發出來。

在全球投資市場勢力相當龐大的對沖基金，發覺日圓升值力道的不尋常，開始大量降低日圓套利交易的部位。各股投資勢力競相將資金換回日圓，這麼一來就更加速日圓的升值態勢。日圓升值的壓力，又迫使更多的國際資金削減套利投資，全球金融市場開始出現連鎖反應，並引發全球股災。

另一方面，資金的回流不只造成全球股匯市的重挫，日圓的大幅升值也嚴重打擊了日本的出口貿易。日本向來為全球最大的貿易國家之一，缺乏天然資源的日本，只能依靠貿易來賺取資本。日圓大幅升值，勢必影響到其國內商品的出口。日本的工商團體紛紛呼籲日本政府，要求政府拋售日圓，來抑制日圓的升值。因為日圓匯率的飆升，造成日本經濟加速衰退。日本經濟相當依賴電子製造業與消費性產業，原本已屬於高單價的日本商品，現在的價格更是高得驚人。日圓的狂升，大大削弱產業的出口競爭力，過高的報價使國外買家望而卻步。

果不其然，日本財務省的統計數據顯示，二〇〇八年十二月份，日本出口數字比以往同期大幅下跌了百分之三十五，這是自一九八〇年以來的最大單月降幅。日本製造業強烈要求政府盡快干預匯市。緊接著，日本從二〇〇八年九月起，已經連續四個月出現貿易赤字，逆差的金額更是逐月攀高。日本二〇〇九年一月的貿易逆差，創下歷史新高，達到九千五百二十六億日圓，這個逆差是自一九七九年以來的最高水準。在金融危機的肆虐下，海外需求銳減，恐導致日本經濟長期衰退。

日圓怪異升值的現象也終有落幕的一天，日圓在二〇〇九年一月底，創下八十七日圓兌換一美元的新高後，又馬上開始往下滑落。到了二月底，日圓又很快地逼近一百日圓兌換一美元，日圓匯率的暴跌似乎正反應著日本經濟的惡化。日圓原本是全球貨幣中，匯率波動相當穩定的貨幣之一。然而近年來，日圓竟然開始出現暴起暴落的怪異行徑，相信這可以名列二十一世紀中，最怪異的金融現象之一。

全球失業狂潮

全球金融業一間間出現問題，就連企業也感受到這波金融海嘯的威力，開始大幅度裁員。國際貿易大幅衰退，裁員潮一波波接踵而來。

在次貸危機席捲全球時，另一股影響力也緊跟著發生，那就是接連不斷的裁員風潮。從雷曼兄弟開始，各大金融集團處理自身危機的第一步就是進行裁員。這些遇到危機的金融集團所進行的裁員，不單只是影響一個國家而已，該集團設立的所有子公司都會收到裁員的命令，光是花旗集團在全球裁減的員工，就高達七萬人以上。

每家跨國金融集團裁減幾萬人，數十家集團全球合計裁員人數，就會達到數十甚至數百萬人。過去被視為金飯碗的金融行業，如今成為這波金融海嘯中最先遇難的行業。這波金融裁員潮是全球性的，所有商業發達的國家，都無法置身事外。目前全球有超過二千萬的金融從業人員，未來在金融行業的從業人數，將可能出現長期性的萎縮。

在二〇〇七年八月以後，光是幾大金融集團的裁員人數，就超過五十萬人。其中百分之五十以上，都是二〇〇八年十月以後裁減的，顯示裁員有惡化的趨勢。紐約與倫敦等國際金融中心，所遭受的影響更大，光是紐約市就減少將近十萬個金融職缺。隨著全球經濟快速邁入衰退，金融業的損失將會更大，而金融職缺減少的數目也會變得更多。

由於這群過去具有高消費力的金融從業人員開始大量失業，使得整個消費市場的力量快速下降。過去一些熱門的高科技商品如手機、筆電等，變得乏人問津。許多工廠面臨庫存量大增，訂單大幅萎縮的情況下，只好以裁減員工來減少開支。原本每天日夜趕工加班的高科技廠商，發現訂單突然消失不見，員工整天無事可做，只好叫這些員工開始放無薪假。

全球知名企業為了求生存，紛紛裁減員工以求度過寒冬。中國向來是這些高科技商品的代工基地，於是這裁員風自然也吹進了中國，一些手機大廠摩托羅拉、諾基亞等馬上在中國進行裁員，預計裁員的人數達到數千至數萬人之多。

在大陸擁有全球最大代工基地的富士康，也感受到這股突如其來的壓力，該集團董事長郭台銘也曾在會議中表示，如果全球經濟持續惡化，集團可能會裁減員工百分之十五以上。以富士康集團六十萬名員工的規模計算，最終富士康將會裁員十萬人以上，這個數字就幾乎等於某些小城市的人口總數。

這是一個惡性循環，當裁員的人數越多，就會有越多人買不起，或是根本不買這些消費性的科技商品（如手機、數位相機、電腦等）。越多人不去消費這些商品，這些商品的庫存就會越多，訂單量就會更少，廠商又要進一步地再裁員。如此一來，大量的人口在長期失業的情況下，不但消費性的電子商品沒人消費，就連一般性的民生用品消費也會開始縮減。一些原本運作還算正常的傳統產業，也不得不因訂單量的減少而縮減僱用人數。所以，不但消費性商品賣不出去，連民生必需用品的銷售也會受到波及。

現在各行各業就是因為這樣的惡性循環，裁減員工的聲音此起彼落，各國的失業人口持續攀高。金融海嘯下經濟活動疲弱，美國失業率已經升至十六年來的新高，達百分之七點六，失業人口總數已經超過一千萬人，未來失業率還有可能繼續升至百分之九以上。大西洋對岸的英國，也同樣好不到哪裡去，英國二〇〇八年底的失業率為百分之六點三，超過百萬人請領失業救濟金。

金融海嘯的衝擊持續不斷，而台灣失業率已突破百分之六，西班牙失業率更高達百分之十四點四。根據聯合國的國際勞工組織指出，到了二〇〇九年底的失業人數將會達到五千萬人。面對這一場失業風暴，我們該何去何從，似乎沒有一位經濟學家或財經專家能夠提出令人滿意的解答。

衰退的消費力

隨著失業人數增加，越來越多人沒有收入來源，那麼原本的消費行為也會跟著改變，他們不得不改變過去的消費習慣。

全球經濟衰退的反應正在持續上演著，失業者因缺乏收入來源而開始縮減他們的支出。一般上班族，則對未來充滿不安全感。為了避免失業後無經濟來源，他們也開始減少消費，以便存下更多的現金，來應付可能出現的危機。大量失業人口的出現，使全球消費力急劇下滑。美國公布去年十二月的零售銷售數字銳減百分之二點七，比原先市場的預估還要嚴重一倍以上，受到這個消息揭露的影響，當日美國道瓊股價指數馬上重挫達二百點以上。

美國過去一直是全球最大的消費國，也是支撐全球經濟成長的主要動力。美國強大的消費能力，也帶動中國出口的快速成長。但是次貸風暴後，美國的經濟衰退已為各國的出口產業投下重大變數，其中又以貿易為主的國家受到的衝擊最大。美國二〇〇九年二月份的消費者信心指數下跌到自一九六七年有紀錄以來的新低點，二月份的消費者信心指數則從一月的三百七十點四下降至二十五。

受全球經濟衰退的影響，全球各國的家庭收入銳減，導致消費持續低迷。一家全球知名的市場調查公司——尼爾森的調查顯示，由於工作所得持續下降，失業衝擊影響人們購買家庭用品，個人消費產品的模式已較以往大不相同，便宜又好用的商品將會是未來個人首選的目標，而這個現象會一直持續到經濟再度恢復活絡為止。這種消費趨勢，還受到金融局勢的惡化，而進一步削弱消費者的信心。

民眾從二〇〇七年的次貸風暴開始，危機感就逐漸地加強。隨著全球重要的金融集團面臨巨額虧損，甚至倒閉的情況下，民眾越來越不敢大方花錢，深怕一旦消費出去，就有可能會賺不回來。二〇〇八年底全球失業潮湧現，一般民眾人人自危，怕的是自己可能會成為下一個被裁員的對象。為了消除這種不安全感，人們開始節約用錢，沒有必要消費的商品就儘量不去購買，以省下更多的錢來應付將來可能面臨的失業。

在這種情況下，受到影響最嚴重的，自然就是那些過去看起來需要，現在又覺得可有可無的消費性電子商品。以手機來說，現在手機至少每個人都擁有一支，甚至兩支以上，而過去靠著各種噱頭十足的功能，來吸引消費者的行銷模式已逐漸失靈。在沒有收入來源，或是朝不保夕的情況下，誰還會為了那些新穎功能繁多的手機，去花費大把鈔票換機。在如今，這種景氣十分低迷的情況下，這些噱頭已無法再喚起消費者的購買慾望，這讓各大手機業者十分頭痛。

這種現象同樣也反應在個人電腦上面，過去一直強調速度更快與功能新穎的個人電腦，如今也面臨無人願意再為了增加百分之十至百分之二十的執行速度來更新電腦。因為現在的電腦執行速度已經夠快了，差個百分之二十的執行速度，實在沒法感覺有什麼特別的差異。在視窗作業系統（Windows）上大發利市的微軟電腦，也面臨到消費者已經學聰明的麻煩，因為大家早已覺得視窗軟體沒什麼可再更新的需要。

更何況在這種不景氣的時刻，能省一分是一分。消費者需求萎縮，更使得二〇〇八年全球半導體營收重挫。經濟的不確定性，使半導體產業衰退至二〇〇〇年以前的水準，全球知名半導體大廠——奇夢達，更因此而倒閉，其消費低迷的情況可見一般。全球持續低迷的消費終將使整個經濟運作，邁入一次又一次的惡性經濟循環。

債務競賽

這年頭政府欠錢似乎已成為常態，每個國家的政府都在拚命舉債，就好像舉債越多效果越好一樣。

這個年頭的世道和觀念，真的是變得與過去完全大不相同，過去大家是比誰比較有錢，現在卻是比誰比較會借錢。就在各國政府忙著解決金融危機的同時，也開始了一場前所未有的舉債競賽。毫無疑問的，美國政府是現今全球最「負」有的政府，其「負」有的程度已接近其國內生產總值（GDP）。也就是說，要全美國人不吃不喝一年，才能還得清這筆龐大的債務。

次貸危機爆發後，各國政府收入下降，再加上層出不窮的金融危機，各國政府只能以增加財政支出來因應。光是二〇〇九年，全球各國發行的政府公債就超過三兆美元，其中美國就占了二兆美元。假若經濟仍未見起色，一些遭受金融風暴嚴重衝擊的國家，其舉債規模將持續地提高。隨著支出與收入的比例惡化，各國政府財政問題將更形嚴重。

英國預算赤字占GDP比重逐年擴大，政府債務餘額占GDP比重攀升至百分之五十，是一九七八年以來的最高水準。公共支出大幅增加、政府稅收銳減，全球各國政府的債務餘額，持續創下歷史新高。這些債務造成各國信用風險大為提高，西班牙與愛爾蘭也面臨相同的處境。經濟大國在發行政府公債時，相較於一些經濟規模較小的國家而言，具有很大的優勢，因為投資者普遍認為，大國的違約機會總是比經濟規模小的國家來得低。

尤其是在全球大量發行新債的時刻，一些經濟規模較小的國家，如希臘、葡萄牙等，相對於英、德、法等國家，需要付出更高的舉債成本來獲得資金。各國政府大舉發行公債，同樣會對民間籌資造成排擠效應，一些國際信評較差的公司，將面臨籌措不到資金的命運。

二十世紀九〇年代初的經濟泡沫，使日本經濟陷入長期蕭條之中。為了刺激景氣回春，日本政府持續推動規模空前的擴張性貨幣政策。日本政府從一九九二年起，連續推出各種減稅措施，以及擴大公共建設等擴張性的財政政策，總規模超過一百三十萬億日圓。經過十年的擴張性財政政策，其結果不但未能使日本的經濟重新恢復活絡，反而使日本財政赤字，以及政府債務規模急速增加。

表6-2　二〇〇八年各國政府債務餘額占GDP比重

國　　家	債務占GDP比重
美國	78.1%
英國	63.6%
德國	67.1%
日本	174.1%
台灣	47.0%
南韓	31.5%

資料來源：經濟合作與發展組織（OECD）

從上表可看出，政府發行貨幣之後，經過不斷地經濟循環，銀行持續創造出存款與貸款數字，中間再經過大量的房地產買賣與財富集中，到最後連政府都被迫欠下大量巨額的債務

到了二〇〇七年，日本政府債務餘額超過八百三十兆日圓，國債發行額已超過二十七兆日圓，比一九九〇年時增加了接近四倍。財政赤字也持續地增加，二〇〇七年時財政赤字已超過三十兆日圓。日本的國債餘額持續創下新高不是沒有原因的，日本政府不但不想辦法減少其政府支出，還不斷以發行國債來應付各種支出，以債養債的結果，終究使債務越堆越高。到最後，日本一半以上的財政支出，需要靠發行國債來支應，日本已成為發達國家中，財政赤字與公共債務危機最為嚴重的國家。

SEVEN

現代經濟的迷思

現代的金融資訊、財經訊息、政府決策，
似乎都被經濟統計數據和無奇不有的經濟理論給占據，
然而這些數據和理論背後的內涵又是什麼！

GDP裡的數字遊戲

現代處理經濟問題的方式，已經變成了一種數字遊戲。但是這些數字不但無助於我們了解經濟問題，更會使我們陷入經濟的迷思。

似乎所有的經濟問題，只要能使GDP這個數字起死回生，就代表所有的經濟問題已經獲得解決。然而實際上呢，過度強調數據的施政結果，有時只會讓經濟問題越來越糟。

GDP一詞是Gross Domestic Product的簡寫，也就是「國內生產毛額」。在總體經濟學中，為了衡量或比較某一地區或國家，在某一特定期間的經濟活動時，通常會用「總產出」來作為衡量指標。一位俄裔美籍的經濟學家，在一九三〇年發展出一套計算總產出的方法。該經濟學家因國民所得計算方式的發明，及其在相關研究的貢獻，獲得一九七一年的諾貝爾經濟學獎。這個國民所得指標，廣泛受到世界各國政府的採用。

GDP是從需求（支出面）計算，亦即觀察產品之流向

GDP＝民間消費支出＋國內投資毛額＋政府支出＋出口－進口

自從這個經濟的衡量指標出現後，各國政府無不想盡辦法在這個指標上做功夫，以期獲得較佳的經濟表現。然而，令人感到可笑的是，這個指標所衡量的意義是，所有支出行為是在市場自然運作下所產生，而非由政府的刻意行為所導致。也就是，在自由運作的機制下，這個指標才有意義。如果政府一味地刻意以人為的方式來營造看似良好的數據，到頭來可能只會加速經濟環境的惡化。

假如我們所得到的這些數據，是由政府所刻意引導出來的數據，那麼得到的結果，就會像過去各位所聽說過的笑話一樣讓人哭笑不得。從兩位經濟學家各吃了一坨屎，就能創造出一億元的國民所得。令人意想不到的是，現在各國政府所從事的行為，竟然跟這故事中的兩位經濟學家一樣地可笑。美國政府未考慮事情的前因後果，一味地想利用信貸去創造出一大堆的消費，來創造經濟榮景，到頭來卻是搞得一場糊塗。

ＧＤＰ是最終商品和勞務的價格，也就是說，如果政府叫某個人做了一件事情，並給他一兆元，那麼這個國家的ＧＤＰ產值就會增加一兆元。或者是，有人做了一張普通桌子，賣給一個富豪一百億，那這個國家的ＧＤＰ也會增加一百億。如果只是不斷地追求經濟增長，而經濟增長數據背後的意義又是如此的話，這麼一來，ＧＤＰ的增長，似乎對國家財富增長沒有什麼實質的幫助。ＧＤＰ是用來衡量自然的經濟運作下，所產生的經濟變化，也就是經由市場機制所自然產生出來的結果，而不是用來衡量這些刻意增加的支出，或是消費所得出來的結果。假如政府有心去創造這些ＧＤＰ數字，那麼就會使這個數字產生失真的情況，因為沒有人會用一百億去買一張沒有什麼價值的普通桌子。

各國政府無不想利用民間消費的增加，來擴大ＧＤＰ的增長。然而，沒有付出，又怎麼可能會有收穫呢？舉例來說，假使出口減進口的差額變大（貿易順差）就能擴大ＧＤＰ的規模，那麼我們是不是應該禁止大家進口商品，因為這樣就可以使貿易順差變大，ＧＤＰ規模也可以因此而變大。實際上的情況卻是，沒有進口廠商就沒有原料可供生產，無法生產商品，所以也不可能會有出口。如果禁止大家進口，那麼我們最後連出口的機會都沒有。

消費也是一樣的道理，民間沒有財富，政府舉債發錢給民眾，民眾將錢花光了，大家最後就是一無所有。消費掉的錢，最後的流向仍是販賣商品的廠商，每次流進去的錢都比流出來的還多，這個消費效果很快就會消失不見。另一方面，消費掉的商品，除非原料能在國內自行供應，否則我們仍需要再向國外購買原料。這樣一來，國內的消費越多，代表財富流出的速度越快，擴大國內消費只是徒增國力的消耗而已。

GDP背後的真實意義是商品的產出，而非商品的消費。雖然有人消費商品，才會使廠商生產意願增加。不過，消費動力的源頭是所得剩餘，有所得剩餘，民眾才會有意願拿錢出來消費，剩餘越多，自然商品的消費就越多。

現在卻由於財富分配相當不均，財富越來越集中，流入市場的資金就會越變越少。當個人的負債越來越多，擁有的所得剩餘卻越來越少時，自然個人的消費力就會持續下降。政府一次發幾千元給民眾消費，作用其實並不大，民眾把這些消費掉後，那些拿到錢的廠商，也不會因為這些消費而增加投資（因為整體經濟環境仍未改善）。

除非政府能真正改善財富分配的問題，讓民眾能夠獲得更多的所得剩餘，否則市場貨幣流量持續減少的問題，將不可能獲得解決。市場缺乏貨幣流通，到最後大家就只能得到一個蕭條的市場。富人總有一個誤解，他們單純地認為，只要不把錢拿出來投資或消費，他們就可以置身事外不受影響。但是，事實上問題並非如此簡單，因為經濟的崩潰會影響到在裡面活動的每一個人，只要有銀行倒閉，銀行內的大量存款就會消失不見，那麼富人的存款也會跟著消失無蹤。就算富人不消費或是不投資，他的財富仍舊會受到金融體系的變化而受影響。

貨幣的時間價值

貨幣有時間價值，指的是沒將錢存在銀行裡，所流失掉的財富。不知是否因為貨幣購買力越來越小的關係，使大家認為貨幣會隨著時間而貶值。實際上，貨幣的貶值卻不是因為時間的流逝所造成的。

當我們將貨幣存入銀行後，隨著時間的經過，我們就可以獲得一定的利息。因為這個利息是由於貨幣的不使用所產生出來的，所以專家稱之為貨幣的時間價值。這個時間價值經由專家的解釋，給出了以下的定義：就是當所持有的貨幣，在未來的一段時間內，可獲得比現在更多的貨幣，這多出來的貨幣就是時間價值。舉例來說，當你擁有一萬元，並將它存入銀行裡，經過一年後，你可從銀行獲得一萬一千元，那多出來的一千元就是你持有一萬元的時間價值。

從經濟學的角度來說，現在的貨幣與未來的貨幣，兩者所擁有的購買力的確有所不同。假若你得到貨幣後，並未將它拿去投資或是存入銀行，那麼你手中的貨幣價值就會逐漸流失。這是因為通貨膨脹會吃掉手中貨幣的購買力，所以貨幣購買力消失的部分，就是貨幣的時間價值。舉例來說，假如你手中有一萬元，可以買十件衣服，但你現在沒有購買，而把錢留在家中。經過一年後，你拿一萬元，想去購買衣服，卻發現這一萬元只能買到九件衣服。這麼一來，這一萬元的購買力，就從十件衣服變成九件衣服。

現實中的社會，物價總是經常不斷地在上漲，幾乎沒有停頓的時刻。久而久之，大家就誤認為貨幣總是隨著時間的經過而貶值，所以貨幣具有時間價值。就好像貨幣若沒有存入銀行或進行投資，或者購買商品，貨幣就會隨時變得沒有價值一樣。

在現行的金融體制下，每一元的存款都能得到一定數量的利息，而每一元的貸款同樣也要付出利息。由於貨幣存入銀行會有利息，利息會隨著時間經過越變越多；相反的，貨幣的價值卻隨著時間越來越低。這使人產生一種錯覺，意即貨幣價值一定會越來越低，所以才導致存入銀行的錢，銀行都要給利息，才能用來補償這些存款者，隨著時間經過所損失掉的貨幣價值。

通貨膨脹形成的原因有很多，許多經濟學家都提出了不少理論來說明它。每當物價開始上漲時，一些財經媒體就會報導物價又如何開始膨脹，今年的通膨率是多少等等。但是經濟學家認為，通貨膨脹的形成是因為過多的貨幣去追逐過少的商品所造成。也就是，因為大家手中的貨幣變多的時候，就會開始積極消費，並造成物價的上漲。

因此，我們可以得知貨幣是否具時間價值，完全是從銀行會付利息，以及貨幣的購買力會隨著時間消失的角度來看。所以這樣的論點，完全是針對借錢的個人或是企業來做解釋的。就是因為他們借錢要付利息，而且隨著時間經過利息會越付越多，所以對他們來說，貨幣的確是有時間價值的。當然，貨幣對於存款者來說，也是具有時間價值的，因為銀行會付利息給存款者。

但是經濟環境總是多變的，既然會有通貨膨脹，自然就會有通貨緊縮。在通貨緊縮時期，我們手中的貨幣價值，不但沒有隨著時間經過而減少，反而會隨著時間的經過而增加。貨幣不需經過投資或是存入銀行，貨幣的價值就會自然增加。縱使沒有因存入銀行而得到利息，同樣數量的貨幣卻會隨著時間的進行，而能買到比過去更多的商品。正因為如此，在通貨緊縮時期，銀行的存款利率就會變得很低，因為他們認為，已不需要再補償給存款人時間價值的損失。

但是排除了利息與物價因素後，貨幣對於這個世界整體來說，卻沒有所謂時間價值的問題。因為貨幣是由政府所發行的，不論銀行的存款利息再高，或是個人的借款利息增加，這個世界都不會有任何額外增加的貨幣。除非政府增加發行貨幣，否則政府發行了一兆元的貨幣，這個國家總共就只會有一兆元的貨幣，這一兆元的貨幣也不會因為存入銀行而變出二兆元來。銀行裡利息的高低，只是象徵貨幣在此時的需求高低而已。物價也並非是隨著銀行的利率高低而產生變化，影響物價的，最終仍是以貨幣與商品兩者間的交換數量來決定。

規模經濟或是不經濟？

雖然規模經濟可以有效降低成本，但另一方面，卻也造成資源的浪費和風險的增加，並進而讓產業的競爭更加劇烈。

規模經濟（Economies of scale）是指透過擴大生產規模，來增加經濟效益。規模經濟反應出的經濟模式就是產業的規模越變越大，並透過數量來壓低成本。從亞當・斯密開始就強調專業分工可以提高生產效率，規模越大的企業，其專業分工的項目就越細。

規模越大，越有經濟效益的原因是，在固定成本不變的情況下，新產出的商品越多，就能分攤越多的固定成本。每一單位的產出成本，也會隨著產量的增加而下降。這種現象在一些資本密集的產業上更為明顯，因為資本密集產業，設置的廠房與設備固定成本相當地高，更新設備的支出也相當龐大。就是因為如此，才使得這些資本密集的產業，都以擴大生產規模來增加競爭力。

創造出經濟規模之後，大量的採購就能使原物料的採購成本有效降低，越多的產品產出，就能夠分攤越多的固定支出。商品成本的有效下降，使商品能以更低廉的價格出售。這種現象在一些高科技產業上特別明顯，像是液晶螢幕（TFT-LCD）、晶圓製造（DRAM）、晶圓代工等產業，這些產業都是以資本密集著稱，新設備的投資動輒以十億計，甚至超過百億美金。

為了有效降低單位生產成本，晶圓尺寸越來越大、晶圓廠的規模也越蓋越大，晶圓廠可算是所有製造業中，數一數二規模的建築物。規模大的背後就是驚人的投資額，台灣的晶圓廠二〇〇七年至二〇〇九年三年間，所累計的投資額已經接近六千億新台幣。龐大的設備投資，其折舊費用成為晶圓廠最沉重的負擔。一座十二吋晶圓廠要順利投產，並達到損益平衡的目標，至少要花費五年以上的時間，而這五年的折舊攤提，每年至少超過二百億新台幣。未來每一次的投資成本，只會增加不會減少。這麼一來，投資門檻逐年加高，那些付不起高額投資費用的廠商始終是被淘汰的對象，大者恆大的趨勢始終沒有改變。

另外，全球知名的TFT-LCD製造商——友達光電，新一代的廠房與設備投資金額也超過新台幣四千億元。DRAM製造產業也是如此，過去所有DRAM製造商的設備與廠房投資總金額，至少超過新台幣一兆元。

但是，高額的投資未必會有高額的報酬。以台灣DRAM產業的例子來看，台商投入的資金與人力雖然相當可觀，但DRAM產業所得到的報酬卻相當有限。DRAM產業經過三次循環，在每一次的循環中，賠錢的部位總是比賺錢的部位來得多。也就是說，在每次的投資競賽中，DRAM產業是注定的輸家。

因為競爭的關係，DRAM產業不論賺錢與否，都必須要靠不斷地投資更新，來降低生產成本。這樣才能在這場投資競賽中獲得生存的機會，否則價格上競爭的挫敗，就等同被宣告出局。因此，這些廠商在面臨虧損的情況下，仍必須持續投資固定資產，以維持成本上的優勢。台灣的DRAM製造商，幾乎每一家都是上市公司，這也表示因更新設備所花掉的錢，絕大多數都來自於台灣的股票投資者。所以，在產業的規模競爭下，賠錢的不只是這些廠商，還包括這些滿懷賺錢希望的眾多投資者。

雖然擴大規模能有效降低成本，但在規模經濟的背後卻是驚人的製造產能。明明市場裡的商品供給早已過剩，這些廠商卻仍不斷地擴充設備與規模來維持競爭力。在有效降低成本的大旗底下，其他的一切似乎都顯得不重要了。每年因為這些為了擴充規模而被浪費掉的資源不知有多少。他們從股市裡拿走大部分的資本，來擴充生產這些早已過度供給的商品。大量的報廢品不斷從市場裡產生，資源的浪費就好像這些都是免費的一樣。

說穿了，規模經濟只是為了讓企業能降低成本而推出來的理論。實際上，規模經濟在絕大多數的情形下，是以犧牲社會資源所換來的利益。在自由競爭與規模經濟的號召下，這樣的情況勢必會不斷地重複上演。

購買房地產保值

過去房地產總被認為是穩賺不賠的投資。但價值過度地膨脹總有破滅的一天。房地產因人們的聚集而變得有價值，也會因為人們的離開而失去價值。

有土斯有財，這句古老的諺語，顯露出人們對擁有土地的渴望。樹木被砍掉了，重新再種就有了，但土地卻無法用人為的方式來增加。最有用的方法，頂多只是增加單位使用的面積而已（蓋高樓）。雖然地球的土地面積並不算小，但以適合人類居住的環境算起，仍顯得十分有限。人類自古以來，就是群居的動物，為了活下去，只能前往提供眾多工作機會的都市，去尋求生存的機會。

為何過去老一輩的人，總是覺得擁有自己的土地，才會覺得心安。這是因為過去當佃農的時代，他們被剝削怕了，地主給他們的，少得只夠讓他們過活而已。收成不好時，同樣要繳出大部分的收穫，害得他們只有挨餓受凍的份。在這樣的背景之下，他們體會到唯有自己擁有土地，才能免於被剝削及挨餓受凍的恐懼。

現在的社會雖然大部分的人都不種田了，但人們卻依然過著像過去佃農時期那樣的環境。現在繳給地主的，不是農田收成，而是辛苦上班工作所得來的微薄薪水。一般人想要住在生活越方便的地方，要負擔的居住成本就越高。不僅如此，租屋者還經常要面對屋主找各種理由來想辦法提高租金，甚至面臨被迫搬家的命運。因為上述種種的因素，現代人也跟過去老一輩的人一樣，都非常渴望能擁有一間能遮風擋雨的小窩。

然而，擁有自己的房子，對現代年輕人來說，已逐漸成為一種遙不可及的夢想。房價從過去至今，已經漲了數十倍，甚至數百倍。每個脫手的屋主都想要獲得比買入價格更高的利潤，房價經過不斷地加價賣出，房屋最後只能成為有錢人的代名詞，一般民眾甚至連購買房屋的頭期款都無力支付。

台灣人口不斷外移至大陸，加上出生率持續下降的情況下，房屋又不斷地蓋，餘屋越來越多，按理說，房價應該會越來越低才對。但實際上，房屋價格卻反其道而行越變越貴，財團與富人大量購買房地產，加上媒體的炒作，房價看回不回。高點買入房子的人，就算景氣變得再差，也不願輕易折價賣出。除非他們已經面臨繳不出貸款，而即將被銀行拍賣的時候，才有可能降價出售。房價在市場裡的餘屋未大量釋出之前，其下跌空間自然相當有限。

就是因為如此，才總會讓大家有買房地產就能保值的想法。銀行業者也不管房價究竟已經漲了多高，總是有恃無恐地放貸給這些購屋者，因為銀行總認為，房價就算再跌也是有限，貸款出去的錢不怕收不回來，更何況他們還能從拍賣房屋中取回資金。

在這個世界上，沒有什麼是不可能發生的事，尤其是價格這件事。房地產也跟股票價格一樣，總會有波動起伏。縱使房地產價格總是漲的時候多，跌的時候少。但是房地產價格，也會有大幅滑落的一天。

我們都知道，除了富人之外，一般人是拿不出一大筆錢，不用透過貸款，就能直接全部用現金買下房屋。房屋價格裡，除了包含房屋的材料與工人的工資外，其中最多的就是一直不斷買來賣去的差價。房地產的額外價值，有時會高到令人難以想像。現代人購買的房屋，除了二至三成是純粹的材料與工錢成本，其他的部分大概都已經繳給了政府和地主。

為何連政府也參與其中？別忘了，除了地主在賣土地外，就連政府也在賣土地。政府賣土地的方式很簡單，就是用拍賣的方式，讓價高者得標。所以我們經常可以看到精華地段的土地，經常有財團或建商在搶標，拍賣價格還一直持續在創新高。這些建商或財團，不可能是為了做慈善事業，或是興趣才去標購土地。大多數的建商蓋房子，就是為了賺取轉賣的利潤。我們知道，這些高價購得的土地，在蓋好房屋後，其房屋售價中必定含有這些搶標土地的成本，而這些成本，最後都要由購買房屋的民眾來吸收。

我們可以藉由這樣的循環得知，所有房地產額外增加的價格，最終都會轉嫁到一般民眾身上。房地產商透過銀行來移轉財富，使存款轉移至賣屋者的手中，債務則由購屋者來背負。當大部分的存款都已移轉到富人身上時，社會已經沒有多餘的財富可供使用和循環。市場裡缺乏消費，一般人很難再賺到錢。也沒有辦法獲得足夠的貨幣，來償還房屋的貸款。銀行也會因購屋者無法按時繳納房貸，而開始拍賣房屋，這時房屋價格就會開始出現崩壞。

過去是民眾不願意，甚至銀行也不會同意，讓民眾用比貸款成數還低的價格出售。但是當民眾無法繳納房貸時，銀行開始強制用市價的八折拍賣，每一次的拍賣底價都會比前一次更低。經濟情況惡化後，大量的法拍屋就會開始在市場中出現，並對房地產價格產生破壞性的影響。除非經濟有所好轉、民眾失業的情況能夠改善，否則法拍屋將不斷地出現而破壞市場行情。所以，沒有什麼事情是絕對的，就連民眾認為只會漲不會跌的房地產也是一樣，經濟崩潰的時刻也就是房屋價格崩跌的時刻。

高儲蓄與低消費

高儲蓄與低消費看起來好像是緊密相連，但實際上高儲蓄率卻又不見得等於低消費率。各位想想過去八〇年代，台灣也是高儲蓄率，但民間消費卻仍然很活絡。

一直以來，不論是報章雜誌或是財經專家，或是經濟學家他們所強調的，就是消費低迷是導致經濟不振的主要原因。而消費不振又起因於一般人喜歡儲蓄所造成的，所以只要能讓民眾對經濟有信心，民眾就願意將存款拿出來消費，這樣就能夠解決目前經濟惡性循環的問題。

然而，問題是否真如這些專家學者們所說的這麼單純？還是另有一些我們沒察覺到的現象和原因？官員們天真地以為，只要拿出一些看似合理的經濟數據，以顯示未來的經濟前景非常看好，民眾就會大方地將手中的存款拿出來消費。但是結果恐怕會與政府官員們所想像的差異很大，這其中的原因在於，信心並非僅靠宣傳或是經濟數據，就能夠讓民眾安心而增加消費。

政府官員們心中所想的，總是與現實生活的情況有很大的差距。有時並非是他們故意忽視不理，而是當官的做久了，就會自然而然地忽略某些重要的部分。舉例來說，大家都知道台灣人的儲蓄率很高，經常位居全球儲蓄率排名的前幾名，所以這些官員就會很直覺地認為，儲蓄率高就是導致台灣需求不振的主因。

但是實際上儲蓄率的計算，是以整體數量去做計算，而非根據所得的差異去做計算，這樣的計算方式就會與事實有相當大的出入。因為從整體來看，台灣的儲蓄率數值偏高，就好像台灣人都偏愛儲蓄。但深入去了解儲蓄率的內容，卻又會發現理論與現實似乎有所偏離。

這種偏離並非他們的統計數據有什麼問題，應該說是這種統計方式根本無法真正看到事實的真相。舉例來說，假設一個人的工作所得是一百元，他將其中二十元花掉，而其他八十元都存入銀行，那麼他的儲蓄率就是百分之八十（八十除以一百）。我們再假設有十個人，每個人的工作所得各有十元，每個人的基本生活費是八元，那他們把其中二元存入銀行，這樣一來，這十個人的儲蓄率就是百分之二十（二十比一百）。緊接著，若我們將他們合併計算的話，會得出什麼結果？現在總共十一個人，合計擁有二百元，一共存了一百元，這樣儲蓄率就變成了百分之五十（一百比二百）。

如此一來，我們可以看出儲蓄率失真的現象，富人的儲蓄率變低了，而窮人則變高了。如果財富更加集中的話，儲蓄率失真的情況就會變得更加嚴重，也會讓少數人（富人）的儲蓄率變成是整個社會的儲蓄率。而從上述的例子中，我們可以發現，窮人與富人的儲蓄率差別是很大的。

另一方面，我們再從上述的例子去深入探討，富人雖然花得比窮人多很多，不過他的所得還是剩下很多，所以當他將剩餘的錢存入銀行時，他的儲蓄率就會變得很高。窮人卻剛好完全相反，雖然窮人只花掉基本的生活開銷，而且比富人少很多，不過從窮人身上所留下來的所得剩餘，卻是相當的少。就算窮人想努力存錢，他的儲蓄率仍然高不到哪裡去。但這並不代表窮人不喜歡儲蓄，而是他們根本沒有多餘的錢可以拿來儲蓄，窮人的所得幾乎只能夠維持基本的生活支出。

所以每當政府一直鼓勵民眾努力消費時，我們應當思考，難道是一般民眾不願拿錢出來消費，才造成經濟不夠活絡？從根本上來說，多數人的所得，基本上只能夠維持其基本的生活開銷，很難有多餘的錢讓他們消費。民眾的存款在失去工作時，多半僅能維持幾個月的生活開支，這些錢是讓他們擁有最基本生存的保障，所以根本不可能無緣無故地拿來使用。也就是說，如果不能使經濟環境變佳，就業環境變得更加穩定，讓工作收入變多以增加所得剩餘的話，想要一般民眾將存款拿出來消費，無異是緣木求魚，因為他們根本無法拿出額外的錢消費。

所以，如果我們不能使民眾有更多的所得剩餘（薪水扣掉生活必要支出），那麼我們就不可能期待民眾能有更多的消費。政府未察覺到儲蓄率的失真現象，卻又一味地希望民眾能夠增加消費，或是想利用各種政策來鼓勵民眾多加消費，這樣的期待又何嘗會有實現的一天？除非政府能夠有效改善社會的財富結構，或是促使富人掏錢出來投資和消費，否則市場裡的池水（資金）只會越變越少。

黃金儲備與貨幣保值

黃金儲備的限制，只不過是為了讓貨幣的發行量獲得控制。未配合經濟的發展而過量發行的貨幣，才是貨幣價值不斷減少的根本原因。

黃金一直被視為全球各國央行，最重要的貨幣儲備來源之一。黃金的稀有與貴重，是被舉世認同的，為了讓民眾安心，執政者理所當然地認為，黃金才是貨幣具有價值的根源。然而，眾人的想法卻往往與現實有很大的出入。

不論古今中外，皆曾發生因過度發行貨幣，而造成貨幣失去價值的歷史教訓。但是嚴格地限制以黃金作為發行貨幣的準備，卻又會造成另外的問題。美國曾發行過可以兌換黃金的貨幣，有人稱之為黃金券，不過當美國發生經濟危機時，人們用該券大量去提領黃金，造成美國黃金儲備的大量流失。在不得已的情況下，美國只好宣布廢除貨幣兌換黃金的制度。

但另一方面，完全限制以黃金的存量作為貨幣準備，卻產生跟過量發行而造成的超級通貨膨脹完全不同的結果。完全以黃金作為發行貨幣的基準，將會使貨幣發行量嚴重受到限制，貨幣被商人大量儲藏起來，到最後的結果就是商品不流通與生產低落，造成嚴重的通貨緊縮。經濟尚未經過膨脹與崩潰，就先一步進入蕭條時期。

英國在一八四四年通過銀行法，使政府發行貨幣（銀行券）時，必須要提撥百分之百的黃金準備才能夠增加發行。也就是說，每一元的銀行券都可以兌換成等值的黃金，銀行券已經完全變成一種黃金替代品。但由於黃金取得不易，生產量難以有效提高，使貨幣的發行量遠遠低於經濟活動的需要。隨著經濟成長，商業交易越來越活絡，貨幣的需求大幅增加，就產生了貨幣供給無法滿足需求的情況。

在貨幣的供給速度過於緩慢的情況下，民間商品需求受到嚴重的限制。再加上商品供應又持續不斷地增加，在商品需求極度缺乏的情況下（民眾有需求，手中卻苦無貨幣購買），廠商為了生存，必須不斷地降價求售，導致商品價格持續下滑，使廠商的成本永遠小於利潤。廠商因不堪虧損，只能進一步減少商品產量。最後導致英國在一八四七年和一八五七年的全面性大蕭條，物價的全面性下跌與經濟活動幾乎停滯，對英國經濟造成極大的打擊。

所以從上述的例子，我們可以看出，黃金似乎真能為貨幣帶來保值的效果，而且還是大大地保值，貨幣不但沒貶值，反而是大大升值了。物價不斷地下跌，相對而言貨幣就變得更有價值了。貨幣的價值雖然保住了，我們卻失去更多生產商品的機會。我們為了保住貨幣的價值（百分之百的黃金準備），卻讓經濟不斷地衰退，這樣的做法似乎也失去貨幣活絡經濟的原始意義。

如果我們無法深入探尋事實真相，就隨意做出結論，甚至付諸實行的話。原本只是為了改善前一個問題才實施的政策，卻又使我們陷入另一個問題的困境。就像是為了解決通貨膨脹的問題，開始限制貨幣的發行，沒想到卻反而使我們更快地進入通貨緊縮的惡性循環。

總的來說，過去的金本位制，說穿了就是為了讓貨幣的發行量受到控制，以免造成貨幣的快速貶值。既然金本位制有這樣的好處，歐美國家為何又要紛紛放棄金本位制，改採信用發行。這自然是因為倘若貨幣採行金本位制，在全球黃金存量與產量有限的情況下，各國貨幣發行量勢必受到嚴重的限制，這麼一來反而會嚴重打擊各國的經濟活動與生產。

追根究柢，貨幣是否具有價值，與每一單位貨幣底下究竟有多少貨幣準備，其實並沒有太大的關聯性。因為貨幣早已無法兌換成黃金（雖然仍可以拿貨幣到黃金市場購買），所以民眾根本就不會在意政府發行的每一貨幣底下，保有多少含量的黃金準備。民眾所在意的，僅僅只是貨幣是否能夠購買到日常生活所需用品，以及在各種經濟活動的使用時，是否會受到限制（如繳稅、付房租、換成其他貨幣等等）。假如一個國家的貨幣，不能用來繳稅或是購買商品，那麼就算貨幣中的黃金準備數量再高，又有誰會去接受這些使用受限的貨幣。

以現代的經濟規模來看，貨幣的黃金準備早已失去實質的意義，因為貨幣發行量已不知是現在黃金存量的多少倍，計算各國央行持有多少黃金準備，對國內民眾來說已沒有多大的實質意義。持有黃金準備的意義，僅在於顯示各國政府還有多少實質的財富可供使用而已。在各國貨幣自由兌換的機制下，黃金存在的意義變得複雜許多，其中包括貿易的往來與資金的交換等等。

黃金儲備的意義，通常只有當一個國家發生重大的信用危機時，才會再度被人們拿出來檢視。像是冰島政府的信用危機，當大多數國家已不願意再擁有冰島幣時，冰島政府只能拿既有的外匯存底（如黃金、美元，或是其他貨幣）去償還債務，或是向國外採購商品等，這時外匯存底的實質意義就表露無遺。

假如我們能生產許多商品，而這些商品都需要貨幣來進行交易。那麼貨幣的發行量，就應該隨著商品的增加而有所增加。但貨幣又不能讓各國政府自行判斷發行的數量，畢竟每個國家判斷自己國家的經濟規模有各自的計算方式，這樣就會造成因標準差異過大，使各國發行量標準不一。國際貨幣組織（IMF）限制各國的央行，以外匯存底來作為發行貨幣的衡量標準。只有少數國家（如美國），可以用舉債的方式來發行貨幣。貨幣的價值取決於貨幣數量與商品數量兩者之間的關係，貨幣的數量變多而商品的數量不變時，那麼商品價格就會上漲，這與持有多少黃金準備沒有太大的關聯，黃金只不過是貨幣價值的一種表徵。

早在宋朝就開始有了紙幣的發行，更令各位想不到的是，宋朝的紙幣發行竟然還有貨幣準備金！紙幣的產生從某種程度來說，就是經濟發達的象徵。在南宋一百五十年的歷史中，其中有一百多年是使用紙幣來當作貨幣。南宋共發行紙幣會子共約十四億貫，按照南宋當時的兌換方式，每兩黃金兌換三十五貫的換算方式，等於發行了一千六百多噸黃金價值的貨幣。在宋朝首次發行紙幣——交子，數量為一百二十五萬六千三百四十貫，其貨幣準備是三十六萬貫的鐵錢，貨幣準備金相當於發行量的百分之二十八。

中國古代在發行紙幣時就有了貨幣準備，只不過後來的政府，不知道過度發行貨幣對經濟所產生的危害，所以才會廢除貨幣準備，隨意增加發行貨幣來購買商品，引發嚴重的通貨膨脹，到最後沒人願意持有貨幣。所以貨幣準備制度，並不是為了讓民眾對政府的貨幣有信心才設置的。貨幣準備的真實意義，在於能夠讓政府的貨幣發行量有一定的衡量標準，以及使發行量受到控制。但大多數的學者卻普遍認為就是有了貨幣準備，才會讓民眾對貨幣有信心，這樣的說法似乎又與現實的情況有所出入。

一般民眾很少會在意政府究竟發行了多少貨幣，或是貨幣究竟提撥了多少的貨幣準備。民眾所在意的，僅僅只是貨幣究竟可以購買多少商品，或能否拿來作為其他的使用（如繳稅）。過量的貨幣流通當然會引起貨幣的貶值，但這樣的貨幣貶值，看起來又好像與貨幣準備金的多寡有很大的關聯性。實際上的情況，卻是政府不斷地無償發行貨幣，造成貨幣流通量過大，才使物價大幅上漲。貨幣不斷地隨時間貶值，民眾開始對貨幣失去信心，最後造成貨幣體系崩潰的危機。只要政府不要過量發行貨幣，隨著經濟的情況隨時調整貨幣數量，就算缺乏貨幣準備，物價也不見得就會大幅上漲。所以追根究柢，過量的貨幣流通才會引起通貨膨脹，而非貨幣準備率下降所導致。

貨幣貶值真的是救出口的良藥嗎？

價格只是相同條件下的選項，若無法提高品質，讓客戶感覺物美價廉，就算再便宜也難以吸引買家。

時常聽見有人強調貨幣的升值會傷害出口，若是如此的話，那麼是否所有貿易逆差的國家，其貨幣都應該要大大地貶值，才能創造出口的機會呢？答案可能不是如此！

金融危機凸顯產業競爭力的問題，出口大幅度萎縮。某些專家就會怪罪於匯率的影響。但這樣的怪罪，只能說是直覺上的指責，並非依據真實情況所得來的結果。根據出口數據與匯率的觀察，我們可以發現某些貨幣貶值幅度低的國家，比貨幣貶值幅度高的國家，其出口衰退的程度竟然比較小。按照上述專家說明出口衰退的理由來看，貨幣貶值幅度較大的國家，其出口衰退幅度應該比較小才對，但實際情況卻是該國的出口衰退程度，反而比貨幣貶值幅度小的國家來得大，實際的數據就已經完全推翻了這些專家的說法。

這說明了匯率並不是影響出口的主要原因，很多出口的產品其大部分的原料，或是半成品來源都是來自國外。雖然一時的貨幣貶值可以換來較低的出口報價，不過在進口物料上升的情況下，最終這些進口成本的增加，仍然會反應在生產成本上面，到頭來出口的報價並不會比貶值前降低多少。

所以貨幣匯率的貶值，不見得能完全貢獻在出口報價上，因為這可能會出現貨幣貶值百分之二十，出口報價卻只降了百分之十的情況。這完全要視出口商品的原料來源，究竟有多少的比例是來自國外而定。原料仰賴國外進口的部分越多，匯率貶值對出口的貢獻就越有限。另一方面，貨幣的貶值所影響的，不單只是在出口方面，它也同樣影響到進口，雖然出口商品報價或許會有所降低，不過匯率的貶值卻是百分之百完全反應在進口成本上面。

也就是說，本國貨幣匯率貶值百分之十，進口的成本就會增加百分之十。那麼各位就可以明瞭，匯率的貶值或許可以降低出口報價百分之十，但出口報價百分之十的降幅，卻可能會讓所有的進口成本增加百分之二十，或是更高的代價，也就是犧牲國內所有人的權益，來交換出口的成長，問題是這樣划得來嗎？

假如這些出口商所賺來的錢，都是放進自己的口袋中。也沒有因此而擴大投資，員工人數也沒有增加。這麼一來，出口銷售沒增加多少，進口的成本卻大大地增加。國內的民眾未享受到出口銷售增加的利益，反而因為進口成本的提高而受害，各種進品商品的國內售價提高，使民眾生活成本也跟著提高。

以韓國來說，韓元在二〇〇八年大幅貶值百分之三十以上，一些出口商雖是韓元疲弱的受益者，但二〇〇九年二月份的南韓貿易順差僅為三十三億美元，而一月份的南韓工業生產總值，仍較去年同期下降了百分之二十五，創下過去三十年來的最大單月降幅。所以匯率貶值雖然能吸引國外買家的採購，但仍然抵擋不住全球需求減弱的影響。

在同一時間，韓國統計廳所公布的資料顯示，消費者物價指數比去年同期增加不少，在消費者收入開始下降時，物價上揚反應出不尋常的現象。物價上漲的種類多為民生日用品，以及肉類和魚、水果等食品，這些價格比前一年上漲百分之十以上，各類支出如教育費用、交通支出等也普遍上漲。生活支出的增加使韓國民眾的生活日益困難，失業增加工作難找，加上薪資水準持續下滑，再面臨物價的高漲。在這種收入減少、生活支出大幅增加的雙重夾擊下，韓國民眾的生存空間受到嚴重的擠壓。

如果單純地以為讓貨幣貶值，就能改善出口貿易，那麼可能所有的國家都會想要讓貨幣進行貶值。但是想請問一下各位，假如你生產的商品就是比別人貴上一、二倍，那麼貶值個百分之二十就會有人願意買嗎？如果你生產的商品品質沒有比別人好，就算賣得比別人便宜百分之二十，買家也不見得願意購買。因為若達不到物廉價美，商品就不會有競爭的優勢。相對的，如果你的商品只比別人好一點，但價格卻是貴上一倍。那麼就算是因為貨幣貶值，而讓出口報價降低了百分之五十，但從物美價廉的角度來看，買家還是買不下手，因為你的商品仍比別人貴了百分之五十。出口的競爭力來自於何處？就是價格與品質這兩樣而已，如果兩者都沒有，那就更不用談什麼匯率不匯率的問題！

擴大內需救經濟

基於消費才會促進生產的理由，經濟學家不斷地鼓吹應由政府帶頭增加支出。但這些學者卻忽略了貨幣的流向問題，若政府支出無法有效地經由廠商進入民眾的手中（薪資），民眾又何來多餘的錢消費，經濟又如何能活絡起來？

小時候經常會聽人提起先有雞還是先有蛋的問題。究竟是有了雞之後，才生下了蛋呢；還是有了蛋之後，才孵出了雞？如果沒有雞，怎麼會有蛋呢？但是如果沒有蛋，又怎麼會有雞呢？這個雞與蛋的問題，就一直圍繞在誰先誰後的問題上。令人想不到的是，像雞與蛋這種問題，竟然也會發生在經濟問題上面。有不少人提倡，先有消費，才會刺激生產。但也有人質疑，先有生產，才會有消費。那究竟是要先鼓勵生產，還是要先鼓勵消費，就有如雞與蛋的問題一樣難解。

相對於雞與蛋這種關於生物起源的問題，經濟問題應該是比較容易解決。因為經濟上的問題，終究是人與人之間的互動關係，比較有規則可循，而雞與蛋的演化問題，有時就只能向上帝詢問了。我們可以從經濟的根本來說明，消費與生產的循環問題。**假若沒有商品，那麼必然不會存在消費，因為沒有商品，縱使有需求，也買不到任何東西。**所以結論是應該從鼓勵生產的方向，來增加經濟活絡！但是，假若答案真的這麼簡單，那就不會存在那麼多想破頭也想不出答案的經濟學家了。其實經濟問題不會永遠只有一個答案，雖然解決的方式最後可能只有一種。經濟的問題就像化學反應一樣，同一種化學物質，添加了不同的催化劑，就可能產生完全不同的化學反應。經濟問題雖然有時看起來情況差不多，但其中形成的原因卻是大不相同，假如無法針對真正的原因來加以改善，到最後可能就是白費工夫、徒勞無功。

由於物價在通貨緊縮時期是普遍下跌的，所以大家總認為這是因為民眾不消費的緣故。但是卻沒人去質疑，究竟是需求過少所引起的，還是因為供給過多才造成物價下跌。假如不是生活所必須用到的商品，卻生產了一大堆，到最後產生嚴重的庫存問題，卻怪罪於是因為消費減少所導致，那麼這恐怕就不僅只是因為需求不足的問題了。就像消費性電子品一樣，過去因為眾人的所得增加，使大家有能力可以消費這些娛樂性高於實用性的商品。這些商品的生產者，不但未因為產能過剩去降低生產規模，反而為了要降低成本而不斷地擴充生產規模，進行所謂的價格競爭。到最後，當大家沒多餘的錢可消費這些電子商品時，商品價格的暴跌也就可想而知。

生產過剩固然是現代經濟中必須要探討的一個重點，不過在這裡，主要想說明的是我們過去經常犯的錯誤觀念。大家都以為有了消費，才會使廠商增加生產意願。不過我們更應該去懷疑，假如沒有原料，這些廠商的產品又要從何而來？商品的生產雖然增加了，但為了生產所要用的原料，卻是從國外進口的，那麼消費越多的商品，就代表我們要進口越多的原料，那麼到最後增加消費反而是進一步增加了財富的消耗！

在這個經濟全面崩盤的年代，各國政府大多接受了某些經濟學家，以擴大內需能讓經濟恢復活絡的觀點。藉由增加政府投資的力道，以及政策上鼓勵消費的宣導，就可以達到活絡經濟的效果。但是政府經費是花出去了，但最終的貨幣流向卻沒有人去探討。只是強調擴大政府支出的效果，卻又不管這中間的過程是否出現問題，這樣的學術理論竟被執政者所認同採用，也無怪乎經濟問題總是找不到解決的方法。

帶領美國走出一九二九年世紀大蕭條的美國總統——老羅斯福，提出「四大自由」（言論自由、信仰自由、免於恐懼自由、免於匱乏自由），其中「免於恐懼」和「免於匱乏」兩項自由，是解決當前消費不振的重要關鍵。當人民對未來不再擔憂，消費者的基本生活有了保障，消費的閘門才能由此打開，推動內需的循環，經濟才能重新走上正軌。

對於民眾來說，生活得到保障，工作穩定了，自然就會把口袋中多餘的錢拿出來消費。假如擴大政府預算支出，無法有效增加就業，那等於是讓大部分政府的支出，流入承包廠商的口袋，或是國外廠商的口袋。承包商僱用原有的員工，並不會因承包工程而增加多少員工，員工不會因此而獲得加薪，其他失業者也無法因此而獲得工作。這麼一來，政府擴大公共支出，不但沒有增加市場上的資金，反而造成國內的財富加速消耗與外流。

對於以貿易為主的國家來說，在沒有辦法賺取外匯的情況下（貿易順差），國內商品的循環越快，就會使國內財富的消耗越大。就好像家裡買了十公斤的米，父母叫你多吃一點，吃得越多不就表示這十公斤的米消耗得越快？家裡的米吃完了，家裡也不會自動生出米來，這樣是不是要再出去買些米回家。這就跟以貿易為主的國家一樣，國家把過去賺的錢發給民眾，叫他們拚命消費，拚命地使用。民眾所消費的商品，進口商和製造商還要再從國外進口商品和原料，國內的消費雖然有所提升，不過財富卻也加速消耗和外流。

貿易型的國家缺乏天然資源，任何建設與支出皆會造成國內消耗，如未能有效提高出口或觀光這些實質性收入的項目，只會以擴大內需為前提，恐怕將來所有台灣累積的資本都會被消耗殆盡。一些國家如日本與台灣等，一直不斷地推動振興經濟方

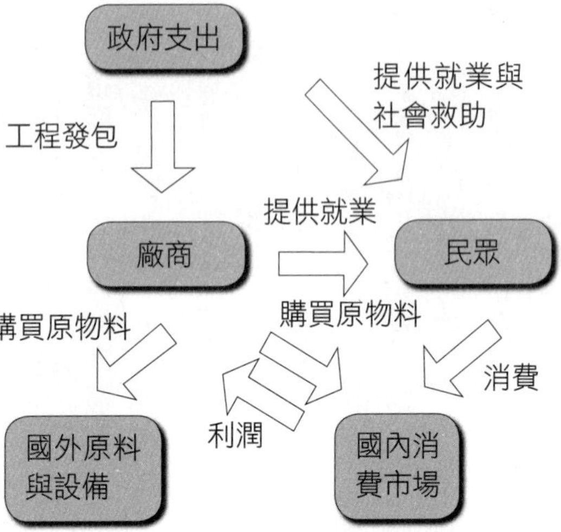

圖7-1　擴大內需資金循環圖

案，內容五花八門，其中卻又未切中經濟的要害，只是讓各政府部門增加支出，徒增財富的消耗。

從圖7-1中，我們可以看到，政府擴大公共工程支出，發包出去以後，如果廠商沒有額外增加員工人數，廠商還是發一樣的薪水給原來的員工，那麼民眾的收入不會額外增加，消費提升的部分自然就非常有限。另外一方面，我們知道政府所增加的支出大多是以工程項目為主，但從事這些項目的人卻大多不是本國人。因為台灣的社會已進步到某個階段，從事這些工程項目的人口原本就不多，一般人也不太可能再進入這個領域工作（需要很大的體力與技術）。這樣一來，政府發包給廠商，只剩下少部分能流入民眾（薪水）的手中，大部分仍是被廠商與國外業者給賺走。但若是由政府提供各種工作機會，以及增加社會救助，讓一般民眾可以普遍地參與。這樣一來大多數的支出，先流入民眾的手中，讓民眾手中的餘額增加，他們就可以進行額外的消費，整體的經濟循環才會變得更活絡。

台灣與其他貿易型國家的經濟困境

貿易型的國家，不像一些擁有天然資源的大國，絕大部分的物資都必須靠進口。所以這些國家無法像資源豐富的國家一樣，可以自給自足，自己提振內需自己消費。一旦其他國家減少消費，貿易型國家的經濟就會面臨嚴重的打擊。當貿易赤字出現時，就是這些貿易型國家在吃老本的時候。

台灣、新加坡和日本都是貿易型的國家，所謂貿易型國家指的就是本身缺乏天然資源，需要靠幫別人加工來賺取外匯，以換取本身所需的物資。簡單地說，就是靠著創造商品的附加價值來賺錢的國家。由於貿易型國家本身缺乏天然資源，必須靠不斷地貿易來獲取所需的資源。所以，不光是需要進口許多原物料來加工製造，就連一般民生物資與日用品，皆需仰賴國外進口。由此可知，像台灣這種以貿易為主的國家，如果缺乏國外供應所需的資源，台灣將無以為繼。

前面提到的GDP只不過是一種衡量經濟活動的工具而已。假使想用人為控制的方式，來影響GDP的數值。那麼最終這個數值，只會像是國王的新衣一樣，根本沒有實質的效用。就像是把財富花光光，看起來好像很有錢，但實際上卻是把財富消耗掉，什麼東西也沒留下。那麼創造這些數字，對民眾來說又有什麼實質的意義？

以台灣來說，除了靠賺取國外的財富，來換取他國的資源外，我們別無他法。如果說要靠提振內需，來提升台灣的經濟，那只不過是一種自欺欺人的說法。就如同上面所說的，如果我們自己把財富給消耗光了，我們還能拿什麼東西來交換他國的資源？雖然提振了內需，讓GDP的數值稍微變高了一些，不過實際上卻是讓台灣的資源又被消耗掉不少。如果我們所消費掉的商品，都可以由自己國內取得原料和製造，那麼我們就可以用提振內需的方式，來創造經濟循環。

相反的，假如我們有百分之八十以上的國內商品，都需要靠外國的原料來加工。那麼我們所消費掉的商品越多，我們就必須向國外進口更多的原料來補充。所以提振內需，到最後就變成一種增加國內消耗的毒蘋果。就如同個人一樣，假使你自己覺得要好好地善待自己，不斷地吃掉所有你存放在家中的食物。但是你整天沒事待在家裡不工作，卻又把所積存下來的食物給吃光了，試問當這些食物都被吃光時，難道不需要再去向別人購買食物？假如不工作，沒有收入，那麼當積蓄花光時，還能拿什麼跟

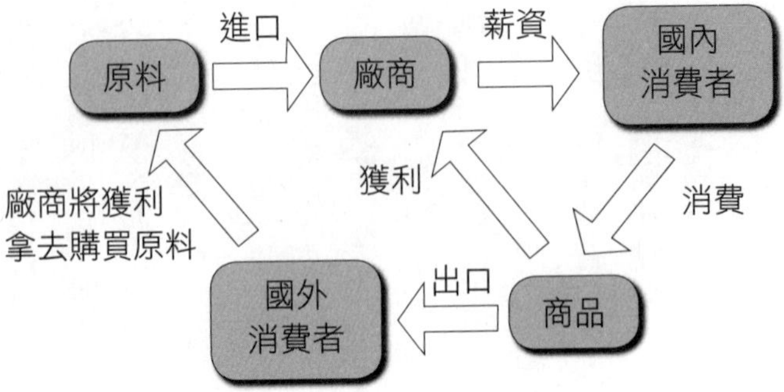

圖7-2　台灣的經濟型態

別人買食物？

從圖7-2可得知，國內的消費循環是從消費者花錢消費，廠商賣出商品賺取利潤，而消費者則是為廠商工作賺取薪資。但是由於台灣缺乏天然資源，絕大部分的商品原料都需要從國外進口，所以台灣的廠商必須靠出口商品來賺取外匯，然後將外匯拿去購買國外的原料。假如商品都被國內所消耗掉，到最後就會沒有商品可供出口，去換取原料回來生產。

台灣與其他貿易型國家的處境，就跟上面的說明一樣，如果整天只是想要提振內需，不斷地將政府的錢給消耗出去，試問這些政府的建設，以及民間購買的商品，難道都不需要從外國進口？如果許多資源都要從國外進口，那麼國內消費增加得越多，不就代表國內財富被消耗掉越多？如果我們無法有效率地賺取外匯，我們就無法換取更多的國外資源，以維持正常的經濟運作，我們的處境就會越來越困難。

所以像台灣這種缺乏天然資源的貿易型國家，只能靠出口賺取外匯，或是靠來台觀光消費，這兩種方式都能為台灣帶來財富。而這些財富，也將成為台灣換取所需資源的重要關鍵。

EIGHT

解決危機，邁向未來

經濟理論發展至今，
仍無法有效說明造成現今經濟問題的真正原因。
幾乎所有政策的實施，都只能用預估來表示，
而我們就成為經濟實驗下的犧牲品。

從理解經濟問題著手

假如我們不能真正理解經濟的問題，我們就無法防止經濟崩潰的發生。

從人類有歷史以來，經濟活動的進行就未曾停歇過，生產技術不斷地演進，商品產量越變越大，個人的生活條件也越來越好。但是令人感到好奇的是，為何經濟活動總會有上下起伏，以及每隔一段時間就會發生經濟崩潰。這種經濟的波動與崩潰，難道我們就只能用自然形成來描述它，還是我們能夠找到真正問題的根源，使經濟波動的幅度變小，甚至使經濟崩潰的情況不再發生？

從最初的章節開始，已經在描述這個世界的經濟活動與循環的關係，而這一次，我們的經濟又再度面臨嚴峻的挑戰。為何一個好端端的經濟，總是在瞬間就烽煙四起，到最後崩壞殆盡。這中間的循環過程，其實各位在閱讀本書的過程中，就已經幫各位帶進這個經濟循環的歷史，現在正在上演的，就是過去曾經發生過的歷史片段。

在本書的第一章中，就是美國經濟大幅發展的開端，隨著大西部的開墾，土地越來越多，人口也越來越多，商品產量的增加更是不在話下。龐大的人口帶來熱絡的生產和交易活動，經濟規模逐漸擴大，緊接著生產新技術的發展，帶動另一波的生產擴展。國內商品產量逐漸超過美國國內所需，那麼就需要國外市場的開發，來彌補國內市場不足的問題。

我們看到，美國移民的勞動力與生產技術所帶來的利益，不過美國移民的好處並不是這裡想要強調的重點。人口眾多與經濟發展，有時候並不能劃上等號，眾多的人口未必就能夠創造出龐大的生產量。美國移民背後的龐大商品生產量，才是我們真正想討論的重點。在這個階段，美國內部形成一股有利的良性循環，人口增加的同時，帶來需求與市場，商品產量的增加與市場規模的擴大，形成良好的互補關係。

美國本身天然資源就十分豐富，所以美國人可以就地取材，源源不絕地將原材料變成一切經濟活動所需要的商品。隨著商品數量的增加，美國人開始變得富裕起來，因為該有的日用商品，他們都可以低價購買取得。商品的大量增加，成為美國財富的主要來源。隨著商品產量的擴大，他們到國外找尋更多的市場，並換回更多的商品與黃金，從這裡就可以預見到美國的未來一定是十分強大。

第一次世界大戰結束，因歐洲戰事發生所增加的需求突然消失不見，大幅擴充的產能，突然之間找不到買主，美國經濟開始陷入低潮。這時美國開始進行舉債消費，舉債所增加出來的消費，填補了歐洲消失的需求。美國國內的需求開始呈現倍數成長，美國國內存款與債務大量增加，財富開始進行內部移轉。大量存款數字移轉到土地開發商、建商與股票發行者身上，債務數字則逐漸轉移到一般民眾手中。此時，因財富尚未過度集中，人們繼續進行財富遊戲，這時美國人的焦點開始轉移到金融市場上，從股票到全美的房地產，都成為炒作的對象。

美國內部的債務數字仍然不斷在攀升當中，隨著股票與房地產價格的升溫，美國人個個都認為自己充滿了財富，毫無顧忌地大肆消費，工廠拚命擴產與趕工，好像錢賺不完似的。就在美國經濟High到最高點時，國際情勢突然轉變，歐洲各國因不滿美國獨占國內利益的做法，也同樣效仿美國，以封閉本國市場來報復美國。

這麼一來，美國海外的需求突然間全部消失，美國工廠大量倒閉，股票市場瞬間暴跌，一下子就好像全部的財富都不見了一樣，不少人因受不了壓力而自我了結。過去辛苦建立起來的經濟榮景，就在一夕之間全部消失殆盡，許多人還搞不清楚是什麼狀況的時候，他的財富早已化為烏有。

然而事情並未因股市的盤崩而就此打住，一連串的惡性循環才正要展開。從股市崩盤的那一刻起，幾乎所有投資者的一生積蓄都在瞬間化為灰燼，許多人甚至向銀行大量借款去投資股票，再用股票去向銀行貸款，股票的市值憑空增加好幾倍。股市崩盤後，這些高融資的人當然還不出錢，銀行產生了大量的呆帳。銀行裡的呆帳還不僅止於因股票投資失利而還不出錢的人，還包括因失業而繳不出房貸的貸款，以及因失去訂單而倒閉的工廠貸款，銀行的呆帳持續增加，最後就連銀行也支撐不住而接連倒閉。政府為了救銀行和失業，便開始不斷地舉債，債務又開始從銀行與個人移轉到政府的身上。

由於這時的財富集中程度相當高，市場中貨幣流通量一直在減少，所有的人都面臨賺不到錢的情況。因為無法獲取足夠的工作所得，民眾的消費持續減少，許多人繳不出貸款，雖然政府出面協助，銀行仍不斷地倒閉。

在經濟大蕭條發生前的一九二三年至一九二九年，股票價格迅速增長，美國經濟持續擴張，每年的生產增加率達到百分之四以上。但另一方面，美國農業卻是在此期間面臨長期的不景氣，農場主破產的數目持續增加，同時工業增長與社會財富分配極度不均衡，全美國超過三分之一的財富被百分之五的富人所擁有，百分之六十以上的家庭生活僅能維持溫飽，財富分配不均是此次經濟危機的重要原因之一。

在那次的經濟危機中，美國證券交易所一週內的損失超過一百億美元，商品需求急速下降。為了維持農產品價格，農民大量銷毀過剩的農產品，他們將小麥和玉米

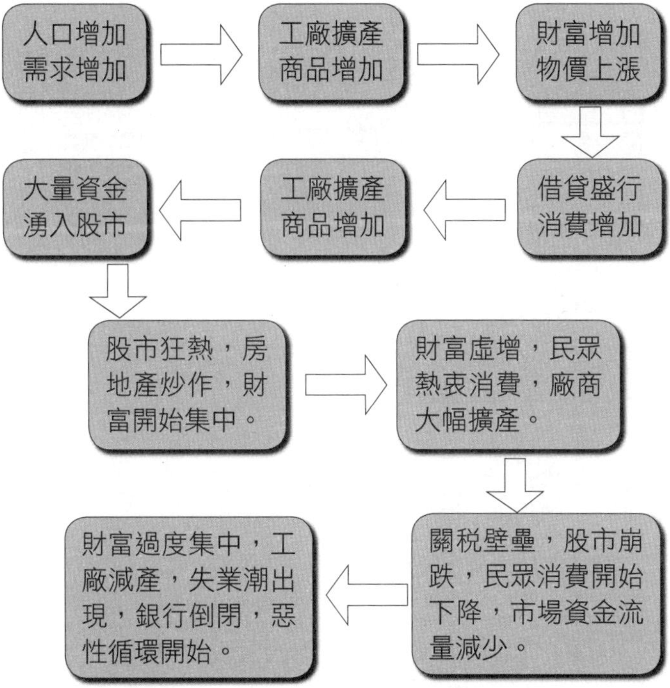

圖8-1　一九二九年經濟大蕭條循環圖

取代煤炭當作燃料，並把牛奶一桶桶倒進密西西比河。直到經濟危機結束時，美國整體工業生產量下降了百分之五十以上，失業人數超過一千二百萬人，至少十萬家以上的企業倒閉。整個世界的貿易量下降了百分之六十六，倒退到一九一三年以前的水準。

經過了十年，銀行倒閉數量已經超過半數，此時債務比重已大幅下降，但民眾的所得仍沒辦法改善。到最後，世界大戰再度爆發，全世界的財富又開始流入美國，通貨緊縮的惡性循環才終告結束。

我們可以用8-1的圖，來說明美國經濟從富有到崩潰的整個過程。

從圖8-1可以看出一九二九年那場經濟大蕭條的整個發生過程，與過去那場經濟大蕭條相互對照，這次的次貸金融風暴所引發的危機和經濟低迷的情況，跟過去的情境非常地類似。從美國人以借貸消費過日子開始，就已經注定了最後的結局。由於前兩次的世界大戰，讓美國累積非常多的財富，所以維持了很長一段時間的經濟榮景。然而，再多的財富也總有花光的一天，無止盡地消費，以及為了讓消費延續而擴張的借貸，終於引爆經濟崩潰的炸藥。

在次貸危機中，美國不但拖垮自己，也拖垮了全世界。過去美國不僅只在美國當地消費，還進口大量的國外商品，身為世界工廠的中國，卻成為最後的冤大頭。中國人努力工作所掙來的血汗錢，全部換成美國人所簽下的借據（美金、美債與美元資產），而這些借據的價值正在逐漸流失當中。隨著美國政府舉債規模以驚人的速度成長，這些美國借據的價值正在快速地流失。

次貸風暴是一場精心設計的騙局，這場騙局捲走了全世界大多數人的財富。美國人過度消費的帳單，絕大部分已經轉嫁給全球的投資者，消費的帳單最後交由這些投資者來買單。雖然在這場危機中，大家都有所損傷，不過全球的投資者卻成為最莫名其妙的受害者。任何人都無法想像，號稱最安全的投資債券，最後竟然會落得血本無歸的下場。

從二〇〇〇年以來，美國有超過四成的家庭支出是大於收入的，而有五成以上的民眾在使用信用卡的循環利息，這顯示美國民眾借貸過日的情況非常嚴重。另一方面，新的全球金融管理制度實施後（巴賽爾協定），龐大的借貸餘額使銀行的業務受到限制，並讓銀行的經營利潤下降。這時，聰明的美國銀行業想出了一套辦法，就是把所有的債務，不論好的壞的都綑綁在一起，包成一個看起來沒什麼風險的證券出售。這麼一來，美國銀行業既可以坐收利息，又沒有呆帳風險，真是一舉兩得。

美國銀行業嚐到甜頭後，把回收回來的資金又再度放貸出去，這次他們的膽子就更大了，甚至把錢放貸給過去因信用問題而貸不到錢的民眾，這些貸款到最後當然又被轉換成證券出售給不知情的投資者。幾次循環下來，美國股市與房地產價格不斷被這些資金給炒高，銀行放貸出去的金額也越來越多，到最後幾乎是全球的投資者都參與了這場放貸遊戲。

堆積木的遊戲，堆到最後也會有倒下的一天，積木越疊越高，好的與壞的積木全都被疊上去，積木的穩定度越來越差。一陣風吹過來，把辛苦堆疊的積木一下子全吹倒了。全球的銀行與投資者都身陷次貸風暴中，狂風吹過無一倖免。大家驚覺事態

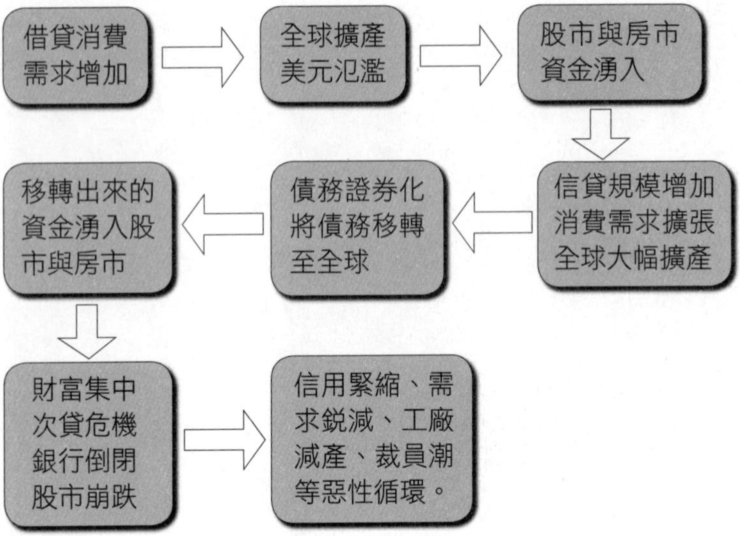

圖8-2 二〇〇八年全球金融崩潰循環圖

不對，趕緊將資金從股市、匯市與金融商品市場中抽回，最大的玩家不幸中彈倒地，其他人也被流彈波及。

國際級投資銀行因失血過多而垮台，其他銀行則因放款給倒閉的投資銀行，最後同樣也宣告倒閉。金融體系的瓦解使資金市場持續緊俏，股市崩盤後消費低迷不振，廠商只好以裁減員工來因應不景氣，減薪招募的惡性循環再度出現。

從圖8-2可看出，當美國再度以借貸消費作為經濟成長的工具時，美國經濟最終仍舊脫離不了崩潰的命運。美國總是在外部需求降低時，就開始用內部舉債的方式來增加消費，這兩次經濟崩潰的發生都是一模一樣的過程。不斷地運用貸款來擴張消費支出，資金又競相投入財富移轉的遊戲（股票、房地產與金融商品），當最後贏家出現後（財富的集中者），金融體系開始崩塌，股票市場崩盤，經濟的惡性循環又再次開始。

其實這兩次金融崩潰的根源，都是出在財富的結構問題上，銀行藉由放貸功能，不斷地創造存款與貸款，債務不斷地移轉到民眾身上，存款則不斷地移轉到富人身上。當這個過程進行到某個程度，就會開始發生金融崩壞現象。在財富移轉的過程中，市場中的貨幣流量不斷減少，到最後大多數背負債務者，無法再從市場中獲取足夠的貨幣來償還時，金融市場就會出現崩塌效應。

現代政府解救金融崩潰的做法，仍舊是以過去的那一套，提供流動資金給金融機構，防止金融體系的全面性崩潰。但是這樣的做法，只會讓惡化的財富結構繼續維持下去。政府提供的資金並未流向市場，而是存放在銀行與富人手中，市場裡的資金仍舊缺乏，造成金融體系崩潰的情況無法有效改善。一直得等到整個金融體系獲得足夠的資金為止，否則金融體系的連鎖反應不會停止。

從另一個角度來看，政府注入銀行的資金從何而來？除非政府本身很有錢，否則就需仰賴舉債來供應金融體系資金。隨著政府注入的資金越來越多，政府的債務壓力也越來越大，以債養債的財務結構，終將使政府陷入嚴重的財政危機。同時，維持金融的穩定，不代表經濟就可以重新恢復活絡。因為整體的財富結構並沒有多大的改變，絕大多數的人仍是債務纏身，除了應付日常生活所需外，根本沒有能力去進行額外的消費。這樣的處境，就是過去日本十幾年來消費停滯的狀況，民間缺乏消費，富人也不願意將資金拿出來投資，導致整個商品市場裡的資金十分缺乏。除非我們能正視財富結構嚴重不均的問題，否則要恢復經濟活絡的榮景，恐怕是遙遙無期。

預防金融危機，要從根源做起

財富過度移轉，債務過度增加，是金融體系崩潰的主要原因。當這個世界的經濟充滿了債務，這些債務大多又是由民眾來負擔，再加上金融商品不斷地移轉財富（民眾投資）。當金融商品價格崩跌時，就會使金融體系發生危機。

人類為了使交易更為容易與快速，所以才發明了貨幣。有了貨幣後，就解決了過去以物易物所產生的問題。從此以後，不必大費周章地尋找願意交換商品的人。但是改用貨幣交易後，每個擁有貨幣的人，不見得都會馬上將貨幣再度消費掉。因此有人開始以利息作為誘因，來促使這些不需要馬上使用貨幣的人，將貨幣存入他所設立的機構內，再把這些貨幣放貸給需要的人，這就是我們現在熟悉的銀行。

但是神奇的事就在此時出現，神奇的地方在於貨幣可以藉由銀行的存入與放貸，產生許許多多看起來如同貨幣的存款數字。貨幣不斷地存入銀行，再從銀行放貸出去，然後拿到貸款的人花掉後，另一個拿到貨幣的人，又將它存入銀行內。就這樣，貨幣可以變出好幾倍的存款數字，這就是我們經常聽人提到的貨幣乘數。但是另一方面，不單只是存款數字不斷變大，就連貸款數字也會不斷增加。所有人的目光都只注意在貨幣乘數所增加出來的存款，卻完全忽略掉另外增加出來的貸款。貨幣經由銀行不斷地存款、貸款、再存款、再貸款後，銀行裡的存款與貸款數字就會不斷地變大，不變的就只有貨幣而已。

所以我們可以寫出以下的等式，來表達這樣的現象：

存款＝貨幣＋貸款

存款扣掉貨幣後，多出來的數字都是貸款。這個恆等式說明了現代經濟的運作模式，運用這個恆等式可以解答出過去難以理解的經濟現象和問題，像是通貨膨脹、通貨緊縮、金融危機的發生等等。只有現金才能使銀行正常運作，缺乏現金將使銀行發生流動性危機。因存款準備率的關係，當貸款數字持續增加後，銀行裡的現金就會越來越少。一旦現金流入來源消失後（就像房利美、房地美倒閉的原因），銀行馬上就會面臨倒閉風險，存戶也跟著領不到錢。

所有的人都以為存款數字就等於是貨幣，但實際上卻與各位的想像有很大的差距，存款數字只不過是一個提領現金的依據而已，實際上存款數字與現金有一定的差異。因為存款數字頂多代表在這個數字底下，存戶擁有提取這些數量現金的權利。其中的差別在於有提領現金的權利，卻不見得每個人都能提領到這些現金。萬一有人將銀行裡的錢全部提走了，其他剩下的存款戶就領不到錢了。也就是說，銀行裡雖然有許多的存款數字，卻沒有同等數量的現金。銀行裡的現金需要靠貸款戶還款來維持，銀行才有現金可供人提領。一旦有人大量提領現金，同時又沒人還款時，銀行馬上就會面臨倒閉的危機。

如果各位有興趣的話，可以去各國統計局或是中央銀行的網站查看，就可以發現，為何貨幣才發行幾千億，但所有銀行裡的存款數字竟然會是幾兆，而貸款數字竟也同樣是幾兆，其中的原理就是像我剛剛所說明的一樣。

因為有人借錢投資，有人工作賺錢，大多數的人慢慢有了多餘的存款。有人開始將資金投入股票市場，隨著投入的資金越來越多，股票的成交價格也越來越高，眾人總以為自己手中的股票，就是具有那麼高的價值。殊不知在資金與股票交換的過程中，財富就已經不斷被移轉掉。因為資金仍持續不斷地投入，所以股票價格仍能維持與上漲，大家總以為自身的財富越來越高，所以放心地大肆消費，反正手中仍有那麼多的財富可供使用。

所有的投資者卻萬萬沒有想到，自己手中的財富竟然會是虛有其表。隨著股票交易的進行，股票市場中的財富也慢慢地在流失。不論是交易稅，或是賣出股票後不願再進場的資金。這些資金，等於從股票市場中消失不見。股票市場越到高點，興奮的情緒使大家越不捨得賣掉，所以成交量會跟著變小。此時只須少量的資金，就能維持高點的行情。但是當這些誤以為本身很富裕的股票持有者，將本身的財富大量花掉以後，這些人又會回頭開始賣股票來換取現金。由於股票市場中的資金，已經在不知不覺中，大量流出股票市場。所以，一旦過去進場的投資者，又回頭開始賣股票求現時，在股票供給遠超過需求的情況下，就會造成股票市場的崩跌。

這其中最大的問題，恐怕就是出在財富的計算方式所帶來的財富錯覺。這種錯覺使投資人誤以為自己很富有，而大肆揮霍。現代人計算自己的財富，總是將股票與房屋的市場價值，計算在自己的財產價值裡。然而，他們卻忽略了一點，他們計算的是市場上的價格，這市場上的價格，其實只是別人的成交價格，而不是本身資產的價值。我們所看到的市場價格，其實只是別人在交易時所呈現出來的價值，並不代表每個人都能以這個價格賣掉。

就是因為這種財富價值上的錯覺，使每個人在景氣好的時候樂於揮霍。也就是說，假如你手中的股票，突然從市價一百萬跳上了一千萬，那麼你的消費行為肯定會比以往大方許多，因為你會覺得自己的財富突然增加了十倍。

圖8-3 股票交易圖

但是我們卻忽略了一點，賣掉股票的人可能會將賣股的錢拿去做其他的消費，如買房、買車等。假如大部分持有股票的人都樂於消費，這些消費掉的貨幣，卻不見得會再投入股市。可以預見的是，股市裡的錢將會越來越少，這種減少也為將來股市的崩跌埋下伏筆。

另一方面，因為買了股票而感覺賺了大錢的人們，在過度消費後，也必然會再次將手中的股票拿去換現。這麼一來，過去的股票供應造成了股票價格的崩跌。這就是為何每隔幾年，只要股票市場繁榮一段時間就會崩跌的重要原理，而景氣循環也是由此而來。

從圖8-3可以看到，投資者將資金投入股市以換取股票，而股東則因賣股而取得資金，這些資金不斷地流入股東的手中。這些股東卻不見得會再將資金投入股票市場，因而造成股票市場裡資金的流失。另一方面，政府的交易稅隨著交易的進行而徵收，這些交易稅的徵收，也是股票市場中資金流失的重要因素之一，這些證交稅收更不可能再拿回去投資股票。

另一方面，從現在經濟運作的模式來看，房地產是富人集中財富的重要工具之一，防止房地產被私人大量集中，是防止M型化社會的重要關鍵。每個人都有居住的需求，這是人為了維持生活的必要需求。藉由人的必要需求來謀利，就跟控制食物來謀利是一樣的。只不過房屋居住需求，並不像食物或水那麼有急迫性（人沒有食物或水很快就會死亡），所以房地產控制的行為，往往會被統治者忽略（尤其這些富人都是統治階層的資助者，加上某些經濟學者鼓吹房地產是經濟的火車頭）。

從古至今，只要控制土地就能獲得大量財富，過去叫作佃農，現在則稱為房奴。財富在出售房屋時就已經被移轉了，現金於賣屋時移轉給富人，其他的就只剩下債權（銀行）與債務（購屋者）而已。如果購屋者無法賺到現金，銀行也無法得到現金，銀行欠富人（存款），而購屋者則欠銀行（貸款），去掉中間的銀行，實際上購屋者就是欠富人的錢。房奴要背負二十年以上的債務，這與過去佃農時期的佃租沒什麼兩樣，只不過這些房奴有一個繳二十年貸款，就能獲得房屋的夢想。

財富快速集中的根本原因，就是房地產集中所造成的。舉例來說，以台灣來看，台灣最有錢的幾個集團都是壽險集團，這些公司用全台灣人購買保險的錢，大量購買房地產，再分租給其他企業或是個人，部分擁有頭期款的人，則向銀行貸款來購買房屋。而這批房屋賣掉之後，用賺來的錢再去購買其他尚未漲價的地段和房屋，然後再進行相同的步驟。如此一來，台灣的房地產價格就逐漸被推向前所未有的高峰。試問，一塊土地或一間房屋，什麼東西也沒增加，價格卻能翻上十來倍，這中間的差價誰賺走了？

多數人總以為購買房地產沒什麼風險，其實房地產就是所有商品中槓桿倍數最高的金融遊戲。因為你只付了頭期款，剩下來的餘款，則是你要工作幾百個月的薪水，才購買到的房子。擁有房屋看起來，就算到時虧本賣掉，也賠不到哪裡去。不過各位忽略了一點，購買房屋的人所賭上的，可是未來幾百個月都必須要有工作才行。而且薪水都要比現在還高，否則一旦沒了工作，或薪資低於現在的水準，個人馬上就會面臨繳不起貸款，接著房子被銀行強制拍賣的命運。

購買房子的人賭上了什麼？賭的就是能夠維持穩定，而且薪資比現在還高的未來二十年，而放貸給購屋者的銀行則稍微好一點，這些銀行賭的就是拍賣後，能比現在的貸款金額高。因為銀行貸款只貸給購屋者七到八成的房價，所以就算拍賣僅有原來房價的六成，銀行最多也只會損失一、二成的拍賣價差。而未來銀行還可以不斷地向貸款者追討薪資，幾乎是穩賺不賠的生意。

從圖8-4可看出，富人藉由購買土地和興建房屋，不斷地將存款數字從存戶與貸款戶手中移轉至富人手中，銀行只剩下少數的現金，和許多的存款數字與貸款數字。

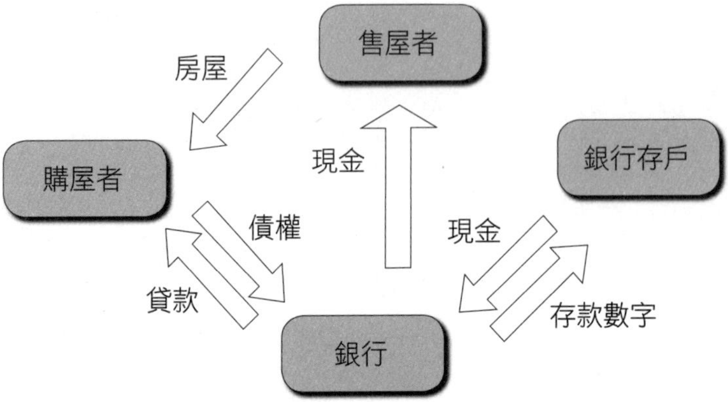

圖8-4　財富移轉過程圖

所以整個社會就是不斷以這種方式，讓個人以少部分的貸款，將銀行的存款大量移轉到房地產開發商或地主身上。隨著房地產越賣越多，價格越變越高，最後幾乎大部分的存款數字都轉移到富人身上，一般人則背負著大量的貸款。雖然感覺上貸款戶欠錢的對象是銀行，跟這些已經拿到存款數字的富人沒有直接的關聯。不過，我們卻忘了，富人的現金是存在銀行裡的，所以去掉銀行這個中間者，我們實際上欠的就是富人的錢。

從圖8-5，我們可以看到，房地產不斷集中，再經由房地產價格不斷炒作，大量的存款數字會移轉到富人身上，而一般民眾雖然可以擁有自己的小窩，但同時也欠下大量的貸款。民眾的薪水大部分不是用來繳房租，就是用來繳貸款，而富人的財富就藉由賺價

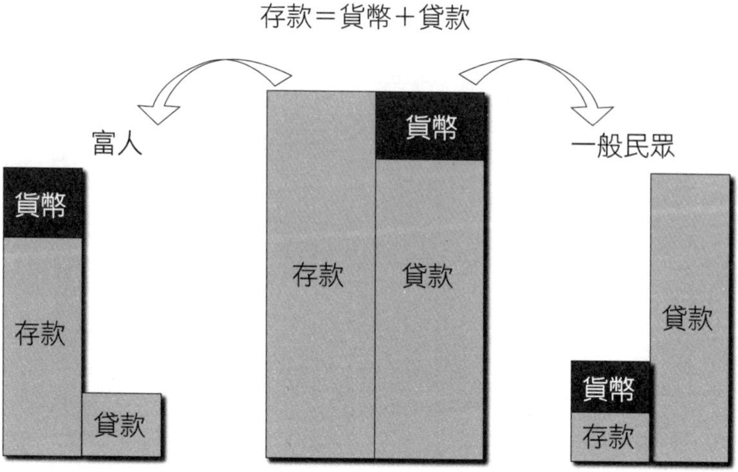

圖8-5　現代社會財富結構圖

差和收房租，一直源源不絕地湧入。

雖然富人賺取財富是透過正當合法的方式來取得，可是我們必須要清楚了解到，當這世上大多數的財富，都集中在少數人的身上時，我們的經濟便很快會出現大問題。其中主要的原因在於，存款數字與貸款數字的大量轉移後，富人就算再怎麼會消費，其消費的數量也十分有限，一個人就算再會花錢，也不可能每天像一萬人或十萬人所消費的錢那樣多。

舉例來說，一個人就算再會吃，再會享受，也不可能天天花上幾萬元去享受超高級的美食，而一、二百個人每天花在食物上面，所累積的消費金額就是數萬元以上。這一、二百人的花費是持續性的，但富人所消費的卻是偶爾為之，因此財富大量集中後，資金的流通數量和速度都會持續降低。

當多數人的消費開始減少後，市場裡流通的資金也會跟著減少，那麼一般人能夠從市場中賺錢的機會就越來越少。我們知道，由於多數人身上都有數量不等的貸款，需要定期償還給銀行。市場裡缺乏資金流動後，部分人的還款就會開始出現問題，緊接著當越來越多人還不出錢時，銀行也會開始跟著出現問題。最後，某些銀行就會因缺乏流動現金而倒閉，那麼存款戶存在銀行裡的存款也將跟著消失。

所以，我們可以清楚地看到，日本的情況就是如此，日本經濟在過度膨脹之後，房地產大幅飆漲，大多數人為了購買房屋，欠下了大量債務，財富移轉的情況相當嚴重。許多人辛苦工作就是為了供養一間狹小的房子。日本房價是台灣的好幾倍，尤其是東京，東京有些地段的地價，一坪折合台幣竟然要價一千七百萬，遠遠超過台北地王每坪四、五百萬的價格。財富大量移轉後，許多日本的大銀行和金融機構都在日本經濟泡沫後持續倒閉，原因就出在大多數人已無法從市場中賺錢，也還不出貸款，最終導致銀行倒閉。

過去日本和現在美國的做法，仍是不斷地提供資金給需要的銀行，以維持銀行的正常運作。不過我們知道，就算銀行尚能讓民眾提領資金，因為財富集中的關係，富

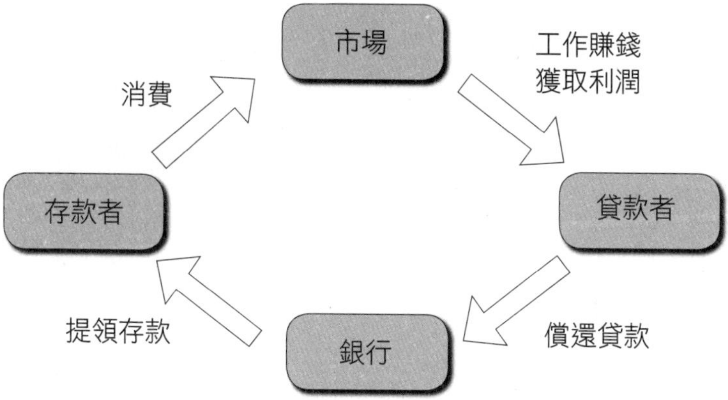

圖8-6　資金循環圖

人與一般人的消費也不會因此而增加，他們只不過是可以正常地從銀行領錢出來消費而已。只要整體社會的財富結構沒有改善，民眾不會任意增加消費。那麼市場裡流動的資金就不會有所增加，整個經濟會出現停滯的狀態。過去十幾年來，日本的經濟情況一直是如此。

從經濟循環到金融運作，兩者之間的關係緊密相扣，倘若缺乏良好的金融運作，則經濟難以活絡。金融問題的根源又在於資金的循環，一旦資金流量越來越少，規模擴張過大的金融體系就會無可避免地發生問題。財富的過度集中，又會使市場的現金流動減少，所以如何有效防止財富的過度集中，才是解決金融與經濟問題的重點。

從圖8-6中，我們可以看到存款者從銀行

裡領出現金去消費後，市場裡有了流動資金，貸款者可以靠工作或投資從市場中賺錢，並償還銀行貸款。而銀行有了現金來源，便可應付民眾的存款提領，資金體系成為一個連續性的循環。現在的經濟問題是出在貸款者無法獲取足夠的現金來償還銀行貸款，造成整個循環的斷裂。而全球各國政府的處理方式卻是將錢直接注入銀行，卻沒發現市場的資金流動不足，與貸款者缺乏資金償還，所以金融崩潰問題仍然無法有效解決。

防止熱錢氾濫成災

熱錢雖然促進了一個國家的經濟發展，卻也會為國家經濟帶來劇烈變動。

在全球化不斷地快速進展下，我們注定成為命運共同體。為了使資源能夠更有效率地運用，全球化是不得不進行的趨勢。全球化成為現代世界經濟的重要趨勢，在此潮流下，國家所擁有的控制力將逐漸減弱。

從一九九七年金融風暴以來，我們見識到熱錢的強大威力。水可以載舟，亦可以覆舟，在熱錢持續源源不絕地湧入下，提供國內龐大資金來源的同時，也正埋下引爆經濟危機的因子。對於許多缺乏資金的國家來說，他們歡迎熱錢進來，希望能藉此來帶動國內的經濟。但在歡迎熱錢的同時，卻又對可能發生的金融危機嚴加預防，導致熱錢又再度湧出時，對國家金融體系形成嚴峻挑戰。

流入一個國家的外來資金（非本國商品出口所賺的），主要分為兩種目的，一種是投資性的資金，一種是投機性的資金。投資性的資金主要是用來投資當地的企業和營運，這些資金是比較長期性停留的資金。因為我們知道一個企業從規劃，到設立，一直到營運，所需要的時間通常要一至三年，企業主再視經營的狀況，決定是否繼續經營下去。除非大環境不佳或營運狀況不佳，企業主才會主動撤離當地市場。所以投資性資金進入本國市場後，通常至少會停留個三至五年，甚至更久。

另外一種大量流入本國的資金，就是投機性的資金，這類型的資金主要是用來從事金融商品的操作，如股票、匯市、期貨，或是房地產等。由於這類資金的性質，多數屬於賺取價差型的資金，所以投資者期望以購買金融商品來賺取價差，只要苗頭不對，馬上就會撤離這個市場，並沒有所謂時間長短的問題。資金停留的時間，短則數個月，長則數年，完全依市場的狀況而定。絕大多數的國家都不喜歡這類的資金進來本國市場，因為這些資金經常會大幅影響國內金融市場的秩序，使金融商品價格產生劇烈的變動。

所有的國家都一樣，都希望進來的資金是屬於投資性的資金，而非投機性的資金。然而實際的情況卻經常與期待相反，過去由於各個開發中國家的發展程度沒那麼高，且當地市場多屬發展中的市場，所以會有很多跨國企業想要進入當地，以經營公司的方式來獲取利潤。但是隨著時間的經過，越來越多的區域先後已被國內外各大集團所占據，能夠再開拓的領域變得非常有限，進入當地市場往往要付出過高的額外成本（如地價上漲與工資上揚等）。在利潤率越來越薄的情況下，跨國企業除非有很大的商機，否則很少會大舉投入某一個開發中國家的產業。

另一方面，許多國家如日本，因本國投資環境低迷，且當地金融市場沒有獲利的空間（股票市場不振、存款利息低等），使得國內資金大舉湧入國際市場，以尋求較佳的投資報酬率。這類的資金以尋找某些有潛力的市場，來獲取高額的資本利得為目的。被選中的市場，當地的股市與房地產都會出現不小的漲幅，過去如東歐、東南亞、中南美洲等，其當地的股市都出現了數倍的漲幅。股市的大幅上漲帶動了另一波的房地產價格上揚，當地物價也緊隨著房地產價格的上揚而跟著上漲。一般民眾假如手中沒有股票或是房地產，因為物價與房租大幅上漲的關係，其生活支出勢必受到嚴重的影響。

隨著各國金融市場的開放，除了少數的國家外，資金的流入與流出可說是暢行無阻。歐美國家更是如此，在資金的移動上，除了疑似洗錢的資金動向，一般資金的進出幾乎不會受到任何的限制。美國與歐洲各國金融業的關聯性，幾乎達到緊密結合的地步。也就是說，一個國際型的金融機構，通常有數十個國際金融機構交互投資，其投資的形式以購買股票、金融債券的方式來進行。

這些國際級的金融控股公司，規模都相當龐大，有些金融集團的營業額與規模，甚至超過許多國家的經濟規模。在這樣龐大的規模底下，其資金的來源自然是由各大型金融集團所相互支撐起來的。以雷曼兄弟的例子來說，雷曼兄弟的負債規模約六千多億美元，這個負債規模已比南韓所欠下的四千多億美元外債規模還高。這麼龐大的負債，當然不可能在美國國內獨自進行，而是散布在各國的大型金融機構、金融業、基金投資（購買金融債），以及個人投資等。全球許多銀行都對雷曼擁有數億，甚至數十億美元的債權。

在雷曼的資產還沒清算完成前，這些持有雷曼債權的銀行，自然無法從中取回資金，就算清算完成，到最後所能取回的資金也可能所剩無幾。由於過去雷曼兄弟夠大，且獲利良好，幾乎被各國際信評公司（如標準普爾、穆迪等）評為國家級的評等（信用等同於國家的規模）。就是因為有這麼優良的投資評級，才使得各大金融集團，都在雷曼購買了不少金融債券（發行金融債券是銀行的資金主要來源之一）。很多銀行在雷曼兄弟上的投資，甚至占了該銀行流動資金的極大部分。

二〇〇八年九月，雷曼聲請破產，嚇壞全球的投資者，想當初標準普爾公司給雷曼的評等是A，誰會料到一個幾乎等同國家一樣穩固的公司，最終竟然會走向破產的命運！雷曼兄弟在倒地前，還向市場增資發行百億美元的股票，購買這些股票的投資者連債權人的身分都不是，到最後這些股票都變成了一堆廢紙。

金融大海嘯導致市場信心徹底崩潰，人們對信用評等公司的信賴完全喪失，原本該扮演預警角色的信用評等公司，到最後卻絲毫起不了作用。這些信評公司卻只是在問題引爆後，才開始調降金融機構和各個公司的評等，這對投資者來說，不但於事無補，更是落井下石（被調降評級後，該公司的股票價格會大幅下滑）。

所以全球化以後，資金的流通變得容易，也更容易投資國外的金融商品。不過由於金融市場的變化很大，投入過多的資金就意味著將來要承擔的風險也就越大，一家國際級的大金融集團倒閉，就象徵全球數以萬計投資者的損失。而會去購買這些看似很安全的金融債券，又以銀行業居多（因為銀行的資金需要安全與穩定）。

所以一旦某家銀行所投資的某家金融集團的資金比重過大，而該金融集團卻又不幸倒閉時，那麼這家銀行就馬上面臨資金無法回收，流動現金出現問題的困境。就算能夠暫時維持現金流動，將來也一定會出現問題，畢竟資金少掉一大塊，就算再怎麼補也非常有限。這麼一來，一家金融機構倒了，存入或投資於這家金融機構的其他銀行，投資比重過大的就會率先倒閉（因為資金缺口過大），這一家倒了，又增加了其他銀行因虧損而產生的資金缺口，隨著累積倒閉的銀行越來越多，各金融機構裡的資金缺口也越變越大，金融體系的骨牌效應就是這樣產生的。各位從上述的例子就可以

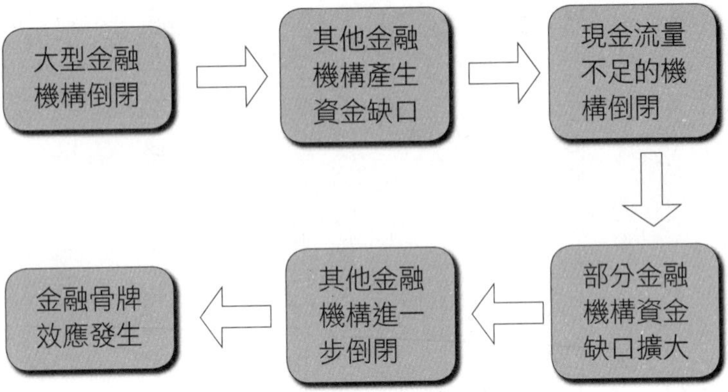

圖8-7　金融崩潰圖

清楚了解到，就是因為雷曼兄弟的規模太大了，所以整個金融市場的連鎖反應才會這麼大。

從圖8-7中我們可以發現，當一家大型金融機構倒閉後，就會使得其他與這家機構有往來的金融機構，都出現資金缺口（清算後資產小於負債），那麼有一些流動性原本就不足，且投資比重過大的金融機構就會跟著倒閉。緊接著，牽涉到範圍更多的金融機構出現資金缺口，另一群金融機構又開始倒閉，金融骨牌效應就越演越烈。

然而，一家大型國際級的金融機構倒閉，所引起的反應和影響恐怕不僅止於此。雷曼倒閉後，受影響最深的，就是那些投資在雷曼兄弟上最多的一些國際金融集團，和最近很熱門的主權基金等。這些投資者在全球的投資金額十分龐大。為了要彌補因雷曼事件而損失的流動現金，這些機構不得不從全球市場中調回資金。如果有部分資金是投入股市當中，那麼他們自然就得賣股票以換取現金。因此，在雷曼事件過後，一些熱錢較多的國家如東歐、中南美洲等，股匯市都出現了幅度不小的跌幅。

以巴西為例，二〇〇八年巴西股市已連續上漲五年，在全球金融風暴下，馬上急轉直下。巴西的股票交易中心——聖保羅證交所，在二〇〇八年全年累計跌幅超過百分之四十，創下自一九七〇年來最大的跌幅，在全球的主要股市中，是跌幅僅次於俄羅斯的股市（俄羅斯跌幅百分之七十）。巴西股市的起漲是從二〇〇三年開始，二〇〇三年股價指數大漲了百分之九十以上，此後四年的漲幅，平均年漲幅為百分之二十五以上。

巴西股市的連年上漲，帶動巴西經濟開始進入高速的增長期。巴西是農產品與礦物的出口大國，國際大宗商品價格暴漲，使巴西獲利頗多。在股市中占有較大比重的石油公司、鋼鐵公司和農產品出口公司的股票價格都以倍數上漲。國際熱錢相中巴西豐富的原物料資源，紛紛湧入巴西並推動巴西股市不斷走強。

但從二〇〇八年上半年開始，巴西受美國次貸危機的影響，全球股市紛紛下跌，使巴西股市開始出現崩跌。二〇〇八年九月，金融風暴越演越烈，聖保羅股市多次以跌停收市。造成巴西股市暴跌的決定性因素，就是外國投資者大量地撤資。過去過度依賴外資的巴西股市從此一蹶不振，二〇〇八年巴西外資從股市淨賣超約一百一十億美元，這是巴西歷年來外資賣超最多的一年。

外資大量撤出巴西，除了股市暴跌外，巴西幣也出現大幅貶值。巴西幣從二〇〇三年開始，兌美元匯率一直處於上升的階段。不過從二〇〇八年開始，巴西幣兌美元反而貶值了百分之三十一。巴西股匯市的重挫，就是外資大量撤出所帶來的嚴重金融衝擊，這樣的衝擊使巴西的經濟馬上就衰退停頓下來。

資金容易流通，固然使金融市場交易活絡，以及帶動國家經濟發展。但另一方面，資金的流動速度過快，也會帶來金融市場的混亂，以及整體社會的不安。如何有效管理資金的流動，避免因資金大量快速流動，造成金融市場的不穩定，並進而影響經濟的發展，是目前大家最關心的課題之一。

正視全球化問題

雖然全球化分工，使各國可以有效率地利用自身資源。但過度分工的結果，卻也使得各國的經濟依賴緊密相連。

全球化從整體上來說，是有利於世界經濟的發展，其中包括商品、資金與技術等，各國能夠依自身的條件，各取所需，各盡其力，並擴大全球的經濟規模。技術的交流與合作，產業轉移與結構的調整，提高了世界生產的水平，並為各國的經濟發展，帶來了新的商機和有利的生存條件。一些發展中的國家，也能趁著新商機的崛起，抓緊機遇加快發展自身的經濟。

從亞當・斯密開始，國富論中就說明了分工的重要，分工能加速商品的生產，使商品的產量增加。由於有看不見的手（市場機制），使得各國會去從事最有利於自己的行業。也就是說，同時做很多事情，不如專心做一件事情來得有效率。從此以後，國際分工的情況就越來越多，像是美國專門研發電子產品、歐洲專做精品一樣。而這種國際分工的現象，很多時候並不是那個國家想做什麼，產業就能夠自行發展的，資金與技術的限制，使多數國家不得不依賴外資的幫助。

以中國來說，中國必然不想只做幫別人加工的產業，中國一定也想從事高利潤的研發產業，或是精品產業。不過，受限於當地資金、技術與知識能力的關係，外商大舉進入中國，多數著眼於中國龐大低廉的勞動人口，所以設置的廠房與生產設備，多數的商品製造也都需要仰賴大量的勞動力。在這樣的背景下，中國成為全球最大的代工生產國家。

因為全球化的關係，特別強調專業分工，以維持自身的競爭力。每個國家都依照自身的最有利條件來發展產業，如資金、勞力、技術與天然資源等。雖然這樣的分工方式，的確也讓全球的生產效能大大提升，不過專業分工的結果，卻也帶來意想不到的結果。

在這裡請問一下各位，專業分工所生產的商品，大多數是提供給本國使用，還是提供給他國使用？答案很顯而易見，我們所生產出來的東西，絕大多數都不是提供給自己國內，而且是要賣到國外去的，因為我們只生產對競爭有幫助的商品。既然如此，問題就來了，我們生產的東西如果都是為了要提供給他國使用，那麼我們自己所需要的商品就只能從他國買來。所以因為全球化和專業分工的關係，使各國的經濟到最後全部緊密結合在一起，沒有一個經濟大國能夠自行獨立運作。對於那些沒有天然資源，只能依賴貿易的國家來說，失去國際貿易就等於失去生存的機會。

就是因為大家都在生產他國所需要的商品，而不是生產自己想要的商品，所以當某些貿易進口大國（如美國），遇到嚴重的經濟問題時，全球所有的國家都會受到嚴重的衝擊。這種情況就如同金融海嘯的骨牌效應一樣，一個大國的進口需求突然大幅減少，其他國家的出口也會跟著大量減少。少了出口收入，民眾的所得開始減少，自然消費也會跟著減少，那麼本國的進口就無可避免地一樣會跟著減少。

從圖8-8，我們可以發現，當進口大國的需求

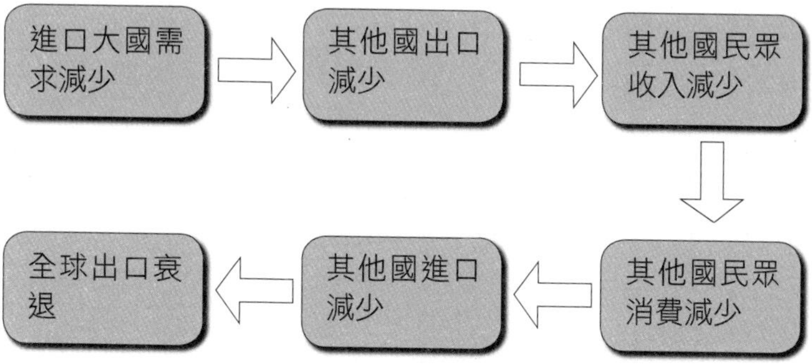

圖8-8 大國進口衰退影響圖

大量減少時，將連帶地使全球其他國家的商品需求也開始減少，一連串的反應結果，終使全球出口開始衰退，以及產生經濟的蕭條。

中國從一九七八年開始，採取對外開放的政策，以提振中國低迷的經濟。因為中國擁有豐富的天然資源，以及眾多便宜的勞動人力等優勢，中國迅速吸引世界其他國家的大量投資，展開三十多年經濟與貿易的快速成長。根據世貿組織的資料，二〇〇七年中國已成為僅次於德國的世界第二大出口國，中國大量輸出各式各樣的商品到世界各地，這些商品皆需要仰賴大量的勞動力來生產，「世界工廠」的名號就由此而來。

在全球經濟衰退的背景下，外資在中國生產的商品大多銷往世界各地。因為價格競爭和稅收的關係，這些商品很難與中國內地的商品競爭。因此，當歐美需求開始大量減少，必然影響到身為世界工廠的中國。因為中國所生產的商品，大多數不是供應給自己，而是要供應給其他主要國家。中國身為一個規模龐大的經濟體，因為經濟發展仍在過渡階段，所以需要大量的資金與技術，來支持經濟的發展。這使得中國不得不依賴出口來獲取所需的資本。然而，中國產業的結構，多以中低端加工產業為主。由於缺乏高端科技的技術與有利的銷售模式，中國在經濟的控制上往往缺乏自主性，其產業型態的調整和轉型，經常需要一段很長時間的整合。

中國本身存在的結構性問題，本來就不是一時半刻能夠解決的。無奈中國內部過於急躁，積極想要提升自身勞工的利益，貿然實施新的勞工制度，成本的提高使過去依賴微薄加工利潤的外資紛紛倒地，還沒倒閉的企業，則大量外移到其他國家。再加上這一波的全球經濟蕭條，使各國的進口需求銳減，造成更多的外資企業倒閉，這使得中國內部的失業情況格外地嚴峻。

中國處在全球產業鏈相當底層的地方，透過廉價的勞動密集產品出口，來支撐其經濟的持續成長。澳大利亞、巴西、俄羅斯等國擁有豐富的天然資源，他們透過出口原材料來交換中國的廉價商品；而美國、德國與法國等國家，則透過高價的商品與昂貴的技術來交換中國商品。中國出口商品所換來的資金、原料與技術等，就是為了提升中國原本就不足的部分。美國經濟規模約占全球的百分之二十五，美國一旦陷入嚴重的經濟衰退，將連帶使依賴美國甚深的歐洲國家發生大幅度的衰退，而歐美國家又占了中國絕大部分的出口份額，連續性的影響在世界各地蔓延，中國不可能在這一場連環風暴中置身事外。

中國過去所賺的錢，都是非常微利的勞動加工費用，大多數的資本仍是被歐美的企業給賺走。但是因為中國本身的基數夠大，只要每一人口乘上一點，十三億人口合計起來的數字就相當驚人。就是因為這樣的緣故，中國擁有大量的外匯存底，使大家普遍認為中國非常有錢。事實上，這些外匯存底均分下去，中國每一個人能夠分到多少？更何況在中國的外匯存底中，大部分是來自於外資，中國最後可能連加工的費用都賺不到。

中國政府用強制的措施，逼走了原本可以提供大量就業機會的外資。全球經濟蕭條後，更多的外資出走，中國連賺取微薄加工費用的機會都已失去，又何來多餘的能力來提振自己的內需？除非中國花掉自己的外匯存底，或是各國願意購買中國債券和人民幣，否則中國哪來多餘的錢去消費！中國擁有十三億人口，但貧富差距也相當大，有錢人占整體的比重相當小，大多數的民眾仍處於僅能維持溫飽階段，除非中國政府發放大量現金給一般民眾消費，否則冀望民眾能夠擴大消費來取代美國，無異是緣木求魚的幻想。

以生產理論而言，從福特汽車開始推動標準化的作業流程，大幅改善生產效率，這種生產模式持續被國際企業所採用。全球標準化的生產管理與作業程序，大幅度改變各國生產商品的方向與模式。國際分工的結果，使各國的經濟緊密連結在一起，每個單一市場的變化，皆有可能影響到另一個市場的變動。現在全球的經濟局勢變得緊密而複雜，本國生產他國所需要的商品，他國生產本國所需要的商品，他國的進口減少就會影響到本國的出口。因為我們所生產的商品，都不是因為自身的需要才生產，所以一旦他國減少購買，那麼這些商品就算無法賣到國外去，很多時候也無法提供給自己國內使用（因為很多商品是特殊使用或是特殊規格，並無法提供給國內使用，或是改變規格還要花費更多的加工費用，不敷成本。）。

所以現在的問題在於，大家都是生命共同體，過去一個大國（如美國）大量舉債消費，使各國的生產規模持續擴大，形成經濟繁榮的假象。現在這個經濟大國倒下了，需求開始大幅度衰退，除非本國原本就很富有，每個民眾都有很多財富積蓄，否則其他國家哪會有多餘的財富去擴大消費？一國的衰退影響到另一國的衰退，各國的經濟環環相扣，連鎖反應將持續進行下去，直到某大國的經濟回復到正常，或是某大國的消費能力能夠彌補為止。

全球化讓世界整體的財富增加，卻也使貧富差距日益擴大，這是個很普遍的現象。就如同各個高度開發的國家一樣，經濟規模擴大的同時，也使得財富高度地集中。我們常聽到經濟學家說，要解決資源分配問題，就要有效率地把餅做大，餅做大後，每個人就可以分配到更多的資源，資源不足的問題便可迎刃而解。不幸的是，雖然全球化使全體的財富變大，但財富的分配卻不是以等比例的方式進行，而是以極端的比例分配下去（少數人得到絕大多數的利益）。這麼一來，一般民眾不但財富沒有增加，分配到的資源反而可能比以前更少。隨著全球化的進行，財富的分配越來越極端化，不僅個人的情況如此，就連國家也是如此。強國可分配到的財富遠超過弱國所能分配到的財富。更可悲的是，這些弱國經常在享受短暫的財富歡樂後，就又要馬上承擔隨之而來的經濟風暴的痛苦，過去是如此，未來也是如此。

解決出口衰退與內需不振的不二法門

可能會有人覺得奇怪，為何本國的出口數據看起來不錯，但國內的經濟就是一副要死不活的樣子，這其中的關聯不脫房地產價格的高漲，到最後連本國的商品出口都會受到影響。

全世界已開發國家中，內需不振、出口衰退的經典代表國家非日本莫屬。第二次世界大戰後，日本為了要振興經濟，採用出口導向的政策，作為發展經濟的首要目標。日本將大量的汽車、隨身聽、照相機等高科技產品，源源不絕地供應到國外去。經過一、二十年的發展，日本已成為美國最大的債權國，而美國卻變成是日本最大的債務國。美國無法忍受這種經濟情勢的逆轉，於是便在貿易談判中要求日本讓日圓大幅升值，以減少美日之間的貿易逆差。然而，日本政府擔心日圓的升值，將影響製造業的出口，並進而引發經濟蕭條。於是日本央行開始大幅下調基準利率，來幫助製造商降低成本，並希望藉此刺激民眾消費。

然而不幸的是，大量從銀行裡釋出的資金，並未流入商品市場裡，而是流入金融資本市場中。這些資金開始帶動房地產價格的飛漲。日本原來就是地小人稠的國家，資金熱潮使房地產快速飛漲，東京地區更是一飛沖天。當日本政府宣布要讓東京成為世界金融中心時，東京地價的漲勢更是一發不可收拾，全日本爭相**投資房地產相關行業**。

從一九八〇年代，民眾與企業在金融商品上交易的金額持續增加，一般人根本無心工作，只想在資本市場中賺取交易差價。在這期間，不管是房地產、股票，還是藝術品無一不漲。根據日本所公布的統計資料顯示，在一九八五年至一九九〇年之間，房地產價格已經暴漲了三倍以上，光是東京都的地價，就幾乎等於整個美國房地產價值的總合。

房地產價格的飆漲，帶來了大量的差價利潤，房屋出售的獲利貸款出來後又存入了銀行，銀行不斷地創造出負債與存款數字。然而，由銀行貸款所產生出來的差額，卻不單只是由購買房屋者來承擔，而是又轉嫁給其他生存在這塊土地上的民眾來承擔。這是因為房地產的飆漲，必然使房屋和土地的成本上揚，進而帶動物價的上漲（為了支付高額租金），原本進口只要十元的商品，到了這塊土地上就可能要變成三十元才能出售，其中絕大部分的收入都是為了支付租金。這樣一來，生活在這塊土地上的民眾，生活支出如一般民生用品與房租等，也不得不跟著增加。民眾生活費用的提高，民眾的薪資必然要高於生活所需的費用，否則無法在此地生存，這樣又帶動了薪資的增長。

因房地產上漲所產生的連鎖反應，就是讓這塊土地上所有的費用與支出都增加了。企業則要面對成本增加後，造成競爭力衰退的不良影響。假如原本的出口報價是一百元，在土地、原料、員工薪資都上漲的情況下，一百元的出口報價，就可能會變成二百元，甚至是三百元。在有其他進口管道選擇的情況下，日本的出口必然受到嚴重的影響，甚至面臨嚴重的衰退。在製造成本大幅上揚與貨幣升值的雙重影響下，日本的企業不得不開始往海外尋求生產成本較低廉的地區。假如沒有房地產的大幅飆漲，日本國內的企業或許還能以差異化和品質，來與國外的廠商競爭。

當房地產價格大幅上漲後，財富結構已經產生重大的變化，因為大多數的財富都已經透過銀行，轉移至少數人的身上（如地主、房地產開發商、投資客等）。而且，在這移轉的過程中，債務與貨幣的倍數越來越大，各銀行的流動資金只剩下少量的現金準備。財富集中後，多數人的財富流向少數人，使多數人的消費逐漸遞減，並造成流入市場的資金越來越少，從市場中獲取財富變得非常困難。再加上出口不振的因素影響，國內廠商紛紛外移，民眾的收入急劇降低，日本民眾為了支付高昂的生活費用，頂多只能偶爾小酌一杯，根本不可能有多餘的收入來增加消費。

這一連串不良的影響因素，就是因為房地產不斷地飆漲後，財富不斷地移轉，少數人賺取大量的房地產價差，而這些價差到最後變成全體社會來承擔。舉例來說，假如有人從房地產買賣中賺了一千億，房屋既未發生變化，也未產出商品，這一千億的價差又是從哪裡變出來的？雖說是由銀行將存款戶的存款移轉過去的。不過，購買房屋的人為了支付貸款，出租房屋時必然相對地調整租金，而租金的上漲又帶動一連串的物價與薪資的上揚。整個社會因房價的上漲，而引發的一連串各種價格（租金、物價、薪資）的上揚。而這些價格的上漲，都是為了支付那些被賺走的價差。被賺走的價差越大，社會所要付出的成本也就越多。

房地產價差＝整體社會成本（物價、薪資、租金）

所以隨著房地產價格不斷地上揚，生活在該區域的民眾就越來越辛苦，企業也因賺不到利潤，只好壓縮薪資，員工所獲得的酬勞，也頂多只能支付生活所需。個人沒有所得剩餘，當然就不可能增加消費，整體內部需求自然就低迷不振。

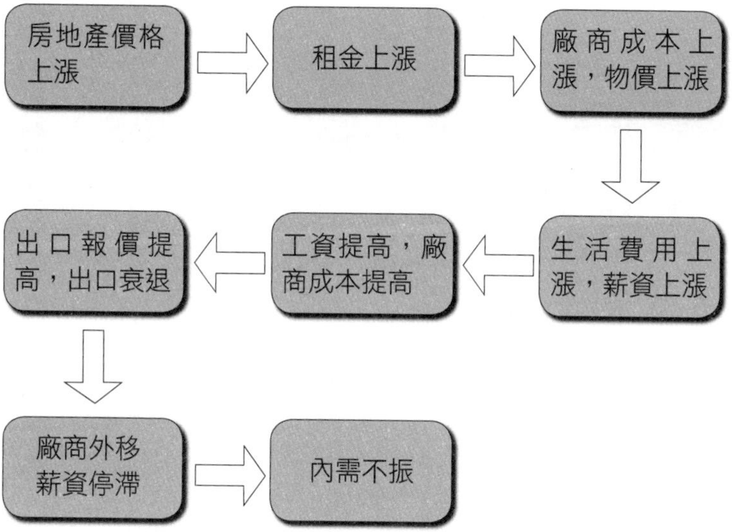

圖8-9 房地產價格上漲影響圖

從圖8-9中，我們可以看到，房地產飆漲後，大量價差被少數人賺走。從租金上漲開始，一連串的物價、薪資、企業成本上揚，造成出口衰退，內需不振。全體社會從房價的上漲開始，就一直在支付被人賺走的差價。

回到根本，走出蕭條

我們只有找回財富的根本，才能有效解決經濟的問題。

歐美國家持續進行的金融援助行動，固然是為了維持金融體系的正常運作。但是這些國家的救援行動，不但無法順利解決經濟的問題，反而可能使問題更形惡化。根據世界銀行的統計，自從民生必需品價格上漲以來，已經有超過一億人陷入了貧窮循環，更有高達二十億的人口朝不保夕，連個人的生存都變成問題。全球有半數以上的人口，每日生活費低得可憐，美國與全世界的貧富差距都達到前所未有的記錄，而且貧富差距還在持續地擴大當中。

所有的人卻想像不到，全世界的財富，有百分之八十竟是由債務轉化而來。所有的經濟學家都知道貨幣乘數，可是卻想不通銀行裡的存款是怎麼一回事！實際上，銀行存款扣掉貨幣發行額後，剩下通通都是債務。也就是說，假設只發行了一百元貨幣，銀行存款卻有一千元的數字，這一千元扣掉一百元後，剩下的九百元都是債務所轉化而來。

如果有人擁有了八百元，那麼就表示將這一百元的貨幣，統統都交給他還不夠，還倒欠他七百元。所以財富集中後的結果，就是到最後大家都要背負債務，只剩下少數人有錢消費。全世界發行了那麼多的貨幣，美國政府借了那麼多錢還是不夠還。其中的原因，就是因為財富的大量移轉，大部分的人與政府只能靠舉債來應付開支。銀行創造了大於貨幣發行量數倍以上的債務數量，財富又過度集中，到最後市場裡的貨幣流量，無法應付債務的償還，導致整個經濟運作的崩潰。美國政府的紓困方案，現在又集中在救助這些富人的存款上面，這麼一來，財富集中的程度不但沒有降低，反而越來越高，那麼想解決金融的問題，就更是一種不可能的任務！

當所有人的目光，都集中在金融體系可能面臨崩潰時。為何我們不能深入地想一想，到底什麼才是我們真正的財富來源？人類過去沒有貨幣參與交易，一樣可以維持個人生存。但為何沒了貨幣之後，個人反而會生存不下去？

因為貨幣可以購買各式各樣的商品，所以我們便自然而然地，將它視為財富的一種。不過究其根源，貨幣具有購買商品的價值，這個價值來源究竟是來自於何處？

說穿了，貨幣實際上只是商品的替代品，只不過這個替代品比商品擁有更多的用途，可以拿去存起來，投資、繳稅、還債等等。由於貨幣可以隨時隨地換成商品，久而久之我們就把它當成真正的財富來看待。實際上呢，如果貨幣換不到任何商品時，各位想想，此時的貨幣，還會具有任何價值嗎？

「貨幣的價值，取決於市場中貨幣數量與商品數量兩者交互作用的結果」，市場裡流通的貨幣變多了，商品的價格就會上漲，而貨幣的價值就會相對下降。相反地，市場裡交易的商品數量變多了，商品價格便會開始下滑，貨幣價值則相對提升。雖然有時商品的售價取決於成品，不過當市場中流通的貨幣逐漸減少時，廠商為了維持營運，不得不降低售價，而個人的薪資也會因此而降低，這就是通貨緊縮的惡性循環。

「沒有商品就沒有財富，貨幣也就沒有使用的價值」，如果今天大家都有志一同地停止商品的生產，那麼就會造成生產的停頓，只剩下手中的貨幣。試問，手上的貨幣還能拿來交換什麼？就算有人拿銷售剩下的商品出售，那商品也將會是天價（以貨幣計算的天價）。就像辛巴威一樣，因為政策影響的關係，這個國家的生產力十分低落，國內物資極度缺乏。就算辛國政府並未任意增加發行貨幣，也會因為物資的短缺，使該國的商品價格居高不下。

貨幣的用途原本就是用來促進商品的交換，而銀行的作用則是為了讓貨幣能夠流通到有貨幣需求的人身上。但是，我們現在的做法完全與實際的情況背道而馳。大家只在乎銀行會不會倒，存款會不會消失，而不管整個經濟生產的停頓，以及商品產出減少所帶來的影響。雖然經濟循環的影響是環環相扣的，但若沒人願意發掘經濟問題的根源，那麼問題就不可能獲得解決。

不論貨幣發行量有多少，最終能夠拿來分配和使用的還是只有商品。全球經濟大蕭條的根源，不在於大家不願意消費，或是貨幣發行量不夠。問題的根源在於一般的民眾，根本無法獲得足夠的貨幣來進行消費。巨額的債務（如房貸、信用貸款）不斷地壓在每一個人的身上，辛苦工作的薪水在償還債務後，總是所剩無幾。面對可能更為艱困的未來，大家只能緊縮褲袋減少消費。

房地產過高的價格，巨額的利益被少數人賺走。隨著房地產價格的持續飆高，社會所要負擔的成本變得十分高昂，所有人都在支付這些高額的房地產價差。銀行裡剩下的現金越來越少，只剩下大量的貸款數字。過高的社會成本轉嫁到每一個人身上，擁有大量存款的人，當然可以輕易地在這場危機中倖免於難；但是背負大量債務的民眾，卻可能面臨滅頂之災。

財富集中後，民眾的消費力持續消失，只剩下少數富人仍在進行消費。消費大量減少後，市場裡流動資金變得更少，多數廠商因為無法從市場中獲得利潤而大量倒閉。緊接著，廠商的倒閉和業務的緊縮，使大量的民眾失業；大量失業的民眾又造成消費大量減少，銀行也因債權無法回收而倒閉，一連串的通貨緊縮災難接踵而來。

所以，我們可以清楚地知道，這整個經濟循環是從生產開始進行，大家因商品的增加而開始累積財富。民眾擁有的財富越來越多，有了剩餘，民眾便會開始增加消費，消費的增加又帶動了生產的擴張。但若消費沒有節制的話，財富總會有用完的一天。個人財產用光後，又開始使用貸款來維持消費，廠商因消費的增加又進一步地擴產。但借錢消費總是有極限的，到了再也借不到錢時，就是惡性循環的開始。

我們必須認清楚，這個世界的貨幣並非不夠，而是過度集中。過度集中的結果，導致市場的貨幣流通量減少，進而引發一系列的經濟惡性循環。目前各國政府防止金融崩潰的措施，都是想辦法把貨幣再釋放給金融機構。不過他們卻忘了一點，貨幣流通的方向是否正確。這些釋放出去的貨幣，絕大多數又回到了少數人的手中，充其量只能維持短時間金融體系的正常運作，問題仍舊沒有獲得解決。一般民眾所能分到的部分，根本少得可憐。而且整個社會仍在持續償還過去在房地產上被賺走的價差。有人賺走了一百億，其他人就要負擔這一百億的差價；有人賺走了一千億，大家就必須承擔一千億的差額，要不然這中間被賺走的錢又是從何而來？房地產大幅上漲後，生活成本變得高昂，生存在這塊土地上的民眾，則要共同承擔這些成本。從房地產中賺取大量財富的人，卻因為留在本國賺不到錢，反而把財富大量匯往海外去，不得不留在本國生活的民眾，其生活壓力的沉重便可想而知。

過去各國政府所實施的對策，不是將資金注入銀行，就是擴大公共建設，把錢灑在建設的廠商上面。將資金注入銀行所產生的問題是，這些錢只能夠短暫地維持銀行的正常運作，卻改變不了貸款人還不出錢來的問題。持續地紓困下去，銀行就會變成只能依賴政府才能生存的殭屍銀行，過去日本就出現過不少這類的銀行，只要政府不提供援助，銀行就無法繼續維持下去。另外，擴大公共建設的做法，卻經常是政府資金投入建設後，卻絲毫不見經濟的成效。追究其背後的原因，在於廠商不見得會因為得到政府標案，就增加工人的招募（假如原本的工人數目夠用的話）。廠商也不見得會因此而增加投資（因為商品市場仍舊低迷），這麼一來，是不是政府又把大部分的錢，繼續流向少數人的身上？

只有解決貨幣流向的問題，才能解決現今經濟的問題。如果廠商不願意增加投資，也不願意增加僱用，就要由政府主動釋出工作機會，甚至蓋工廠來創造民眾的附加價值。這樣，總是比只會叫民眾掃掃地，或是抓抓蚊子，憑空消耗財富來得好。這些由政府僱用的民眾，等同是政府直接將貨幣移轉給民眾。民眾有多餘的剩餘和穩定的工作後，自然就會增加個人消費。市場裡流通的貨幣增加，廠商的投資意願就會跟著增加，經濟的良性循環才能再度展開。

另一個嚴重的問題就是房地產價格負擔的問題，這個問題已使社會形成循環的死結。房屋經過貸款後，其價格就已經被固定住了，除非被銀行法拍，否則房屋的售價不可能低於貸款金額。世界上所有的先進國家都一樣，都在承受著巨額的房地產差價。後來進入房地產高漲地區的人，除非本來就很有錢，否則根本無法負擔這高昂的生活費用。

房地產的價差被少數人賺走後，我們就剩下一個只有價格的空殼，而所有的人連同政府，卻還在拚命地維持由這個空殼所創造出來的存款、貸款的循環。如果我們只須承擔建造房子的費用，而不用負擔那些額外增加的價差的話，我們的生活費用一定會比現在減少一半以上。企業也不會因過高的生產成本，而被迫遷移到海外去設廠。財富集中的速度，也會較現在減緩許多（因為過去透過銀行貸款的關係，可以將個人未來幾十年工作的財富，一下子就移轉給售屋者。）

如果財富不那麼地集中，貨幣能平均地分散在每個人身上的話，那麼經濟循環就不會發生崩潰的問題。但我們都知道，這是不可能的，因為有的人會消費得多，有的人會消費得少；有的人賺得多，有些人賺得少，貨幣就會不斷地累積在某些賺錢有道的人身上。但是貨幣集中後，問題就來了，貨幣本來就是為了促進商品的交易而產生的，現行的商業行為也都是透過貨幣才能進行。如果市場裡的貨幣慢慢地變少，那麼商品的流通就會開始減緩，通貨緊縮的惡性循環也會開始浮現。

讓貨幣能夠充分地流通，個人能夠依自己的努力來獲取貨幣，並將之消費出去。廠商也因眾人的消費而獲利，並且擴大規模，這樣才能創造出良性的經濟循環。一旦個人所得剩餘不斷地減少（房地產的高漲帶動了物價上漲，使個人所得剩餘逐漸下降），再加上社會過度的金融遊戲，貨幣在短時間內以更快的速度集中，就會使整個金融體系發生崩潰（個人無法獲取足夠貨幣來償還債務），而經濟的惡性循環也就再一次地展開。

在這個世界，我們所追求的是什麼？

貨幣的價值來源就是商品的擁有，沒有商品可交易的世界，貨幣就沒有存在的價值！

貨幣是為了讓商品的交換更加順暢，使每個人有更多的剩餘，以刺激更多的消費，和增加更多的商品生產。如果貨幣到最後只是被少數人所持有，那麼就完全失去發明貨幣的本意。無奈的是，市場經濟運行的結果，絕大多數的貨幣最終仍將被少數人所掌握，從銀行裡衍生出來的存款與貸款則被不平均地分配，最終形成整個金融運作和經濟循環的逆轉。

雖然財富的集中是無可避免的過程，不過財富集中的速度卻可透過某些方法來加以降低。如果執政者只是一味地想要活絡經濟，卻忘了設法控制財富的集中。那麼經濟循環崩潰發生，就會越來越快和頻繁。財富過度集中後，不單只是一般人的生活受到嚴重影響，就連擁有大量財富的富人，也會深受其影響。因為市場貨幣流量的減少，各種商品的交易也開始減少，所有人的財富都在持續逆轉反應。雖然商品可能變便宜了，但個人的所得卻是減少得更多，個人薪水所能購買到的商品數量也在持續地減少。個人並未因商品價格變便宜，而能得到更多的商品。富人也是如此，富人雖然擁有許多的財富，這些財富在商品價格下跌的時刻，就可以購買到更多的商品。不過由於市場中貨幣流量的持續減少，所以富人所能獲得的財富，也會比以前低上許多，所有人的財富都在持續地縮水。

因此，如何有效地使貨幣分散，避免房地產受少數人控制，造成財富過度地移轉。讓金錢遊戲獲得適當地控管，減少財富因短期間快速集中而造成的金融崩潰。我們必須以政府的力量，讓真正有意願工作的民衆都能夠獲得工作，使民衆擁有較高的所得剩餘來進行消費，工廠則因消費的增加而提高商品的產量，這樣才能真正有效地解決現在經濟的問題。

從圖8-10中，我們可以看到，政府不斷地擴大公共建設不見得有效，因為廠商不

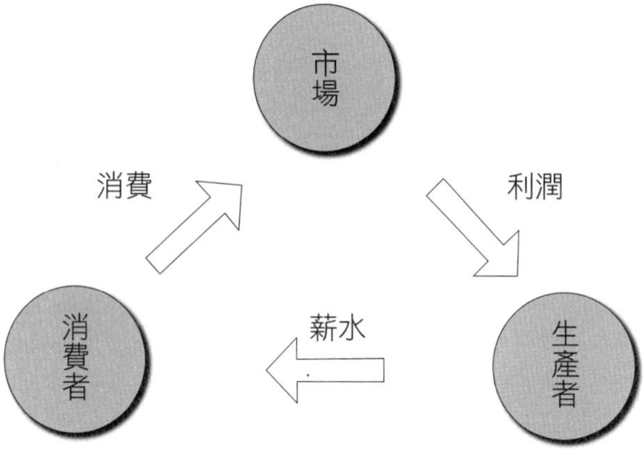

圖8-10 經濟循環圖

會只因為政府的支出增加，就增加生產的投資。就算標到標案的廠商，也不見得會因此而增加工人（可能原本的工人就夠用了）。只有讓消費者充分地工作，並獲得足夠的所得剩餘，消費者才會願意增加消費。市場裡的消費增加，廠商的獲利提高，才會引起廠商增加投資的意願。

所以政府擴大公共建設的方向，是將資金投入給廠商，但這樣的投資，並未能有效地讓貨幣流入民眾的手中，使政府支出的效果大打折扣，遠不如政府直接提供就業機會來得有效。政府額外釋出的貨幣，都能藉此直接移轉到民眾手中，而這些錢也將經由這些工作者再度消費出去（因為一般人的所得剩餘很少，所以這些錢大部分都會被消費掉）。

不過因為全球化的關係，使問題變得較為複雜。因為各國的商品生產，都是為了提供給他國，所以我們必須藉由他國的消費，來讓民眾獲得財富，以及獲取所需的資源。所以現在要真正解決問題的關鍵就在於，如果大多數的國家，都能經由政府直接提供民眾工作的機會，將貨幣大量移轉到民眾身上，一國進口的增加就會帶動另一國的出口，而出口的增加又帶動進口。這麼一來，全球的經濟危機，就能從根本上獲得真正的解決。

財經新視界 010

我們的經濟出了什麼問題？

作　　者：周偉華
發 行 人：楊榮川
總 編 輯：龐君豪
主　　編：張毓芬
責任編輯：侯家嵐
封面設計：盧盈良
出 版 者：博雅書屋有限公司
地　　址：106台北市大安區和平東路二段339號4樓
電　　話：(02)2705-5066
傳　　真：(02)2706-6100
劃撥帳號：01068953
戶　　名：五南圖書出版股份有限公司
網　　址：http://www.wunan.com.tw
電子郵件：wunan@wunan.com.tw
法律顧問：元貞聯合法律事務所　張澤平律師
出版日期：2009年6月初版一刷
　　　　　2011年12月二版一刷
定　　價：新臺幣250元
本書前一版為《重現經濟活力》

國家圖書館出版品預行編目資料

我們的經濟出了什麼問題？/周偉華 — 二版.
— 臺北市：博雅書屋，2011.12
　面；　公分

　ISBN 978-986-6098-37-6（平裝）
1.經濟危機　2.金融危機　3.經濟發展　4.全球化
561.9　　　　　　　　　　100022792